CÓMO ANALIZAR A LAS PERSONAS CON PSICOLOGÍA

TÉCNICAS SECRETAS PARA INFLUENCIAR A
CUALQUIERA UTILIZANDO EL LENGUAJE
CORPORAL, PSICOLOGÍA OSCURA Y LA NLP

CELIO SALOME

PUBLICACIÓN
circular

ÍNDICE

INTRODUCCIÓN

La psicología ha avanzado desde hace siglos, se ha buscado comprender la forma en la que nosotros los seres humanos actuamos con los otros y con nosotros mismos.

Algo que muchos no conocen es la forma de analizar a las personas utilizando herramientas de la psicología, lo cual es posible sin que se tenga que tener un master en la materia.

El primer paso es por medio del lenguaje corporal, es allí donde comienza toda la historia. Saber cómo es que habla el cuerpo sin que se emita un sola palabra, y es que cada parte del cuerpo habla. Desde los ojos y el tamaño de las pupilas hasta las extremidades.

A continuación, vas a conocer todo sobre cómo conocer a las personas con herramientas de la psicología, conocerás todo sobre el lenguaje no verbal, qué es cómo se manifiesta, el contacto visual, cuando hay y cuando no hay, mirar a los lados, el contacto visual prolongado, el uso de otras extremidades, como tocarse la nariz de una u otra manera.

Cada movimiento, la forma en la que lo hace, los sonidos que se emiten con la respiración, todo, es comunicación no verbal.

Es que hasta la voz es un modo de comunicación no verbal, porque el tono, el volumen, el ocupar la boca, la manera en la que sonríes cuando son o no reales, si ríes con una persona, ellos pueden o no reír contigo.

Todo esto es un modo de lenguaje no verbal que dice mucho y puedes aprender a leer.

Las manos son otras partes que hablan, aquí aprenderás a leer el lenguaje de ellas y de paso conocerás cómo utilizar algunos movimientos y posiciones para que impactes y dejes un buen mensaje en tu lenguaje no verbal. Allí se asciende un poco y vamos a los brazos y la posición de estos, la manera con la que se mueve y hasta la velocidad, todo tiene un papel y una importancia.

Las piernas en el lenguaje no verbal hablan mucho, un pie adelantado dice algo, las piernas cruzadas de la muchas maneras en la que se cruzan dicen un mensaje claro, las piernas puestas así, o con los tobillos cruzados de la otra manera, dejan mensajes.

Si te sientas con una pierna elevada en la otra lees mensajes positivos o negativos y los pies también tienen su lenguaje, todo el cuerpo es un vocero de lo que pasa en tu mente.

Y es que gracias a los movimientos del cuerpo es que podrás conocer cómo actúa un mentiroso, cómo es que se mueve una persona independiente, qué dicen los que separan en una pierna, cuál mensaje se esconde en el temblor de las piernas…

Este contenido tiene todo sobre la psicología del lenguaje, el modo de conocer a las personas solo con verlas o contemplando una primera impresión.

Hasta consejos para que sepas la postura que no se debe usar en el trabajo.

Así como aprendes a comunicarte con las personas hablando, buscando emplear un lenguaje de determinada forma para venderte de un modo, por ejemplo, puedes nutrir el verbo para que te escuchen con un estilo intelectual, pero con el cuerpo, con los gestos, puedes decir mucho.

Aprender a dominarlos puede cambiar el mensaje que des sin pronunciar una sola silaba.

Si de leer a las demás personas se trata, recordemos que hay expresiones y microexpresiones que se activan involuntariamente cuando tenemos algún tipo de emoción interna.

Por eso se detallan cuáles son los gestos de las personas con ira, miedo, alegría, desprecio, asco, sorpresa o tristeza, muchas veces pueden ser pequeños movimientos que nadie nota a menos que detalle el rostro o conozca esta información.

De paso aprenderás cómo tener una expresión facial agradable.

Como esto se trata de conocer a las personas por medio de la psicología, un capítulo se dedica a descubrir a un mentiroso, especialmente a esas personas que son capaces de lanzarse un discurso que podría parecer convincente, pero el cuerpo, los gestos, la manera en la que mueve el rostro, son una radiografía de la verdad o mentira que pueda estar diciendo, si quieres descubrir mentirosos no te pierdas este contenido.

Podrás ver si la sonrisa es real o no, y también vas a conocer a las personas manipuladoras, el comportamiento variable, la necesidad de controla, personas insaciables que trabajan buscando lo que tienes y no para absorberte la energía. Son personas convincentes que si no estamos alertas nos pueden envolver y afectar.

Los manipuladores son unas personas que tenemos desde la familia, hasta amigos y colegas, tenemos que estar atentos porque a veces por los afectos nos dejamos envolver y herir. Conoce en este trabajo cómo desenmascararlos y que nunca más nadie te manipule.

La apariencia personal tampoco se deja por fuera, aquí verás cómo es que la prenda que te pongas te define, también los colores, la primera impresión, el tamaño, el estilo y el vestir acorde a la prenda que te coloques.

La letra también es otra forma en la que la psicología lee a las personas, aquí conocerás todo sobre la grafología, el tipo de letra y las personalidades, ejemplos, letras, modos en el que escriben hasta la firma y que dicen mucho sobre las personas.

Aquí se podrá leer a las personas en todos los ámbitos, el funcionamiento de la mente inconsciente, el lenguaje no verbal del amor, cómo es que se puede deducir que una persona sí está enamorada.

Los tipos de personalidad, que son varios según Jung y también los cuatro temperamentos basados en los elementos.

Conocer todo esto es clave para poder entender a los humanos y poderlos leer, por eso es que a continuación conocerás el modo de leer las personas incluso por cómo fuman o por cómo manejan las gafas cuando están hablando.

Este es un contenido para que sepas leerlos y también para que sepas ponerlos en marcha tú.

TODO COMIENZA CON EL LENGUAJE CORPORAL

*H*ablemos de esas cookies que tenemos en el cuerpo y lo que dicen. El lenguaje corporal tiene muchísima información, más que las palabras. La conducta no verbal es como una especie de cookies como esas que encontramos cuando entramos a internet y nos sale el cuadrito que tenemos que aceptar. Están allí sin que nos demos cuenta.

El lenguaje corporal revela tanta o más información que las palabras. La conducta no verbal muestra información sensible, de personalidad de las intenciones, sentimientos y lo que no decimos en palabras. Incluso al estar quiero o en silencio, los gestos, las posturas y hasta el silencio. Todas las expresiones faciales y la apariencia hablan por nosotros y son muy pero muy elocuentes. El lenguaje corporal y la comunicación son las que cuentas quiénes somos, cómo nos sentimos o cuáles son nuestros gustos. En la interacción, la conducta no verbal informa el grado de comprensión que tenemos e incluso desmiente lo que digamos en esos momentos.

Tristemente en la vida, no ocurre como en el ordenador, no hay mensajes de alerta que nos recuerda que las cookies van a aprovechar para entregar valiosa información de nosotros, algo que termina afectando a la manera en la que nos relacionaos y cómo actuamos cuando andamos por la red. Aunque nos lo adviertan, actuamos como hacemos al andar en la web, ignoramos cookies, continuamos buscando la otra satisfacción. Tremendo error.

Hablar es más que reunir palabras, es como cuando hablamos de escuchar que es más que oír. Comunicar es más que enviar y recibir paquetes de datos. La comunicación es compartir es una información racional y emocional que se pone en común y se acuerda con la otra persona con el significado y el valor. Eso no se logra plenamente sin intervención de la conducta no verbal.

Evolutivamente hablando, el lengua corporal nos acompaña desde antes de que seamos humanos, está relacionado con lo emocional, con el instinto y la intuición del cerebro y se desarrolla en el inconsciente. Por eso es tan importante y por eso también es que se desconoce para muchos.

A lo mejor nuestra especie no tenga más de 200 mil años, pero el origen del lenguaje se remonta a la aparición de los primeros mamíferos, hace más de 300 millones de años. la diferencia de edad es inmensa, aunque la arrogancia que tiene nuestro distinguido neocórtex invita a pensar que la conducta no verbal es algo primitivo en la comunicación, en realidad es la que más experiencia tiene y con toda probabilidad la que más influye en la conducta.

El instinto y las emociones son amigos fieles desde antes que naciera la razón. Por mucha inteligencia y raciocinio que se tenga, la verdad es que la conducta no verbal, el inconsciente y las emociones manejan a su antojo la forma en la que nos comunicamos. Van por ahí, contando a todos lo que pensamos y sentimos.

Es por eso que los mejores comunicadores no verbales son los que tienen consciencia del lengua corporal, las personas que pueden monitorear su conducta y calibrar el efecto que esta produce en los otros, no hay un perfil exacto establecido científicamente, aunque hay personas que son muy observadoras. Tienen perspectivas abiertas para ver las nuevas experiencias y realidades. Tienen rasgos como la estabilidad emocional y la empatía, también sirven.

A lo mejor es más fácil reconocerlos en el mundo artístico y en la comunicación, pero se da en todos los medios. Hay investigaciones que muestran que las personas persuasivas e influyentes tienen una consciencia amplia del lenguaje corporal propio y ajeno. Al margen del campo profesional en el que se han basado para tener éxito.

Hacerse un buen comunicador requiere el desarrollo de autoconciencia, de conducta corporal, de la misma forma que los deportistas élite perfeccionan la propiocepción para reconocer la posición y condiciones de su musculatura. Lo bueno aquí es que ambas habilidades se pueden desarrollar entrenando. Demás las podemos hacer por nosotros mismos y en el momento que lo deseemos.

Es cuestión de concentrarse, de focalizar la atención en los canales de lenguaje corporal, buscando que haya sincronía y congruencia con lo que dice.

El lenguaje no verbal se expresa por medio de siete canales que junto con el de las palabras, conforman la comunicación:

Las expresiones faciales que son el indicador más potentes y en lo primero que se centra la atención cuando se interactúa. En pocos segundos el cerebro emocional decide y toma el riesgo de si esa cara le gusta o no. Es un proceso que al inicio tiene una razón, donde no hay tiempo para pronunciar ni media palabra. En la cara se ven de forma innata y universal las emociones básicas, la sorpresa, tristeza, miedo, desprecio, asco, ira… cada una tiene su código, el aprender a distinguirlas todas es clave para dominar el lenguaje corporal.

Los gestos forman parte de estos siete. La gestualidad tiene un componente elevado en la cultura. Aunque las líneas de investigación dicen que el origen genéticos como las expresiones de orgullo, poder, triunfo. Los gestos ilustradores también tiene una vinculación con la credibilidad. Otros tipos de gestos son los emblemáticos que tienen un significado de palabras, los adaptadores que son manipulaciones del propio cuerpo y de objetos para canalizar las emociones, los reguladores que es donde se dirige la interactuación y los manifestadores de afecto, que son con los que transmitimos lo que sentimos.

Las posturas también hablan. La postura expresa el interés y la apertura hacia los otros, se reflejan en la exposición y orientación del torso, también es un potente indicador de las emociones y la predisposición a la acción. Las posturas expansivas indican satisfacción, actividad, las posturas de contracción se relacionan con la pasividad y negatividad. En descubrimiento se ha visto que las posturas influyen en el estado de ánimo y en la segregación de hormonas. A nivel visual la postura tiene una incidencia alta en la imagen, especialmente para pasar confianza, seguridad y estabilidad.

La apariencia sigue siendo un canal de gran influencia, a pesar de los avances sociales y el esfuerzo por luchar con la igualdad. El aspecto de la persona nos habla de la edad, el origen, sexo, cultura, condición social, económica y profesional. Aunque se intente evitar los estereotipos, la apariencia continúa siendo la principal fuente de información a la hora de formarnos una impresión de otros. se sabe que no hay segundas oportunidades, para causar una primera buena impresión. Hay estudios que afirman la influencia de la apariencia en la persuasión, como el uniforme de agentes de seguridad o la bata blanca en el caso de los doctores.

La háptica define el estudio científico del tacto y la influencia en la forma en la que nos conectamos con los demás. este resulta clave a la hora de establecer intimidad, denota compromiso y muestra información sensible, como la posición de dominio en las interacciones.

Hay investigaciones que demuestran que el poder del tacto a la hora de influenciar a otros es alto. Como sucede con médicos y pacientes. El contacto físico tiene marcado un componente cultural. En países árabes y latinos es mucho mayor. En Norteamérica o Japón es menor. Un leve toque en las zonas no comprometidas del cuerpo como hombros, brazos, y la parte alta de la espalda pueden ser clave para establecer buenas relaciones.

La proxémica es el canal más directo en el lenguaje corporal cuando queremos mostrarnos cercanos o distantes. La proxémica tiene origen en la antropología, nos informa del uso del espacio en la interacción. Hay autores que dividen la distancia entre individuos íntimamente, con menos de 45 centímetros, personal entre 45 a 120 centímetros, social más de 120 centímetros y pública más de 360 centímetros. La verdad es que cada persona tiene su propio espacio, además puede variar según el estado de ánimo y las circunstancias ambientales. Lo clave es esto:

- La manera más sencilla de mostrarnos cercanos es acercarnos físicamente al interlocutor.
- Se tiene que prestar atención a señales incómodas que generen aproximación.

El paralenguaje dice mucho más que las palabras, el paralenguaje es el indicador emocional más fiable, junto con las expresiones faciales. El volumen, tono, velocidad de la voz, revela importante información, especialmente cuando estamos intentando esconder emociones. No es algo que pase a menudo, por ejemplo, cuando se habla por teléfono con personas cercanas, solo basta escuchar el tono al contestar para saber que algo no va bien. la voz tiene una influencia enorme en la credibilidad, voces nasales, tonos altos o agudos, tienen menos crédito en público. Así como el silencio que comunica también.

Otros canales como la cronémica y la oculésica se especializan en el valor que el tiempo y la mirada tienen en la comunicación no verbal, porque ambos se caracterizan por la trasversalidad y están presentes en los siete canales principales.

El lenguaje corporal goza de cualidades que le hacen interesante. La influencia de la conducta no verbal a la hora de interactuar es indiscutible, es grande la utilidad en algunas funciones a la hora de socializar. Estas son algunas:

- Comunicar la identidad.
- Informar sobre la capacidad para relacionarnos.
- Lograr que haya precisión y entendimiento.
- Gestionar la interacción.
- Transmitir emociones y sentimientos.
- Influir en los otros y en nosotros mismos.
- Engañar.

El lenguaje corporal se aplica en diversas áreas. El dominio de la técnicas de comportamiento no verbal tiene aplicación en todas las áreas de conocimiento, en cualquier ámbito de la vida profesional y personal. De ahí el interés que crece y causa un manejo correcto. Estas son algunas de las áreas donde aplica, donde es eficaz.

- Comunicación y relaciones personales.
- Enseñanza y educación.
- Terapia y sanidad.
- Técnicas forenses y seguridad
- Negocios y solución de problemas.
- Atención al cliente y marketing
- Recursos humanos, elección de personas.

Entonces, no podemos saber lo que otro piensa a través del lenguaje no verbal, pero el lenguaje corporal permite que se pueda inferir en cómo se siente, los rasgos que dominan la personalidad o las intenciones que tiene. Una información que a veces es más valiosa que las palabras. Tal como sucede en la comunicación verbal, tiene que ser preciso en la expresión del lenguaje corporal, ser flexible a la hora de interpretar el de otros, condicionado por muchos factores intrínsecos y ambientales que a veces escapan a nuestra percepción.

¿Qué es el lenguaje corporal?

El lenguaje corporal es una manera de comunicación que utiliza los gestos, las posturas, movimientos del cuerpo y el rostro para poder pasar información sobre emociones y lo que piensa el emisor.

Se hace de manera inconsciente, así que normalmente es un indicador claro en las emociones y las personas. Junto con el tono vocal forma parte de la comunicación no verbal. El idioma del cuerpo no se debe tomar como una verdad absoluta, porque hay muchos factores ambientales que influyen en él, por eso nunca se tiene que llegar a una conclusión interpretando un único signo corporal.

Lo clave es que se analicen los conjuntos de signos congruentes entre sí y descartar la causas externas como ruido, temperatura y cansancio.

Es que se sea capaz de comunicar con el cuerpo, y el rostro.

Tamaño de las pupilas

Sabemos que en la historia hemos sido conscientes de la importancia de la mirada en el comportamiento de las personas. Expresiones, frases como echar mal de ojo, tener miradas penetrantes, mirar por arriba del hombro, mirar a los ojos cuando se habla, atravesar con la mirada o matar con la mirada, es muy común esto y está a la orden del día. Veamos en este apartado lo que expresan las pupilas.

Siempre se ha dicho que la cara es el espejo del alma, sin los ojo no hay espejo, no hay nada. Es una forma más de comunicación, que es reveladora. Son el punto central del cuerpo y as pupilas que trabajan de manera totalmente inconsciente, por lo que si se es capaz de leerlas se puede extraer mucha información valiosa.

La función de las pupilas

Las pupilas regulan la cantidad de luz que entra al ojo, con la meta de mejorar la visión, entonces cuando nos encontramos en una habitación oscura se dilatan para dejar pasar más luz y aumentar la visión. Del mismo modo su salimos a un espacio con mucha luz, ellas se contraen para evitar cegarnos. Se da lo mismo cuando estamos durmiendo y abren una persiana.

Las pupilas actúan también cuando la personas se droga o está ebria.

Lo que expresan las pupilas en el estado de ánimo

En condiciones normales, ellas se dilatan y contraen, según la actitud que tengamos, cuando una persona se siente atraída por otra, se pueden dilatar hasta alcanzar cuatro veces el tamaño normal. En caso de molestia, se da el caso contrario.

El psicólogo Eckhard Hess, quien es pionero en estudios de la pupila, descubrió que había una gran relación entre excitación de la persona y su pupila. Así, cando los hombres ven fotos de modelos de sexo opuesto, las pupilas se dilatan, y si son del mismo sexo, se contraen.

Además, descubrió que la dilatación de la pupila estaba correlacionada con la actividad de la mente, entre más difícil sea de resolver un problema más se contraen, se dilatan hasta que dan con la solución.

Está demostrad que un ojo con la pupilas más dilatadas es más atractivo. Por eso es que gustan los ojos claros, porque se puede percibir mejor la dilatación de las pupilas, si se aplica al marketing, las marcas de cosmética, productos para el cabello y ropa saben que una foto retocada sirve para aumentar el tamaño de las pupilas y aumenta las ventas en un 45%.

Los ojos son clave en el proceso de enamoramiento y noviazgo. El objetivo de esto son los cosméticos para ensalzarlos. Llama la atención de la pareja potencial, y parece más atractiva a los ojos del hombre.

Cuando intentes leer lenguaje corporal en otros, no dejes de lado las pupilas, porque te dan una valiosa información sobre el estado de ánimo, puede que te guste que se enfade contigo o simplemente tener una actitud neutral.

Contacto visual

El contacto visual es de las herramientas más poderosas en la comunicación no verbal. Es el camino que lleva a la escucha activa. Trabaja como si fuera un interruptor, enciende y apaga la conexión con los otros y esto hace que parezca accesible. Todo comienza en gran medida con la capacidad para atender, entender y sentir. Todo es cuestión de sensibilidad, aunque suene raro, el sentido de la vida es más útil a la hora de escuchar a otros.

A lo mejor en la niñez te enseñaron a ver a ambos lados de la calle antes de cruzar. Pero no hizo falta que te explicaran la importancia del contacto visual con el conducto del auto que reduce la velocidad para que pases. Lo aprendiste por tu cuenta, la intuición y el instinto trabajaron allí para proteger tu vida. Cuando el coche se acerca, buscas la mirada del conductor y no te quedas tranquilo hasta que se ven brevemente los ojos.

Seguramente no conozcas nada de esa persona, a lo mejor te inspira confianza que no tenías hasta ese momento. Solo hay que cruzar miradas para que pongas la integridad en manos de ese desconocido lo haces casi a diario, automático, sin reparar en ello. Es un extremo que llega con el contacto visual.

Al contrario, cundo no hay contacto visual no hacemos invisibles, nos sucede frecuentemente, como al coincidir en un ascensor con alguien que no conocemos. Estamos en un espacio pequeño que podemos sentir incomodidad, apartamos la vista por instinto. Si lo piensas es igual como de niños cuando tapábamos los ojos para que no los vean. Cualquier persona u objeto fuera del alcance de la vista, deja de existir.

El contacto visual es efectivo para la comunicación, a veces es la comunicación misma. Cuando esto ocurre, la mirada por sí sola se convierte en el mensaje, no hacen falta palabras para comprenderla, miradas que matan, o que te atraviesan, miradas que desnudan, miradas desafiantes, interrogativas, de admiración, tiernas, cómplices, picaras…

Pasa lo mismo con los ojos, inexpresivos, atónitos, con brillo, desorbitados, apagados, como luceros, en fin, una larga lista.

La mirada sirve para establecer el compromiso, para extasiarnos ante la belleza ajena y la propia ante los narcisistas o para embelesarnos ante la actitud de alguien que admiramos.

Normalmente la mirada habla por nosotros, especialmente la mirada sirve para que escuchemos, para hacer ver que la otra persona deseada le comunicamos. El contacto visual constituye la herramienta más útil para la escucha activa, la que nos hace sentir cómodos con la que obtendremos información de calidad.

Escuchar con la mirada

- El primer paso es que se establezca contacto visual, que se cruce la mirada con la del interlocutor lo que hará en modo escucha, dispuesto a procesar el mensaje.
- Normalmente siempre que puedas te tienes que poner a la altura, mirando de frente. Mostrando disposición para comunicarse. El desviar la mirada puede mostrar desinterés, vergüenza, indiferente o inseguridad.
- Hay que mirar con el cuerpo, dirigir la mirada y exponer el torso a la otra persona, mover solo los ojos nos hace parecer acechantes, desconfiados, como cuando miramos de reojo.
- Mientras escuches tienes que mantener contacto con regularidad para que demuestres interés, con pausas breves para que no sea molesto.
- Cuando apartes la mirada tienes que intentar que sea para reflexionar sobre lo escuchado, con la mirada perdida o desenfocada. Si miras de otro modo vas a parecer distraído y vas a distraer a la otra persona.
- Hay estudios que establecen que el contacto visual ocupa un 70% de la conversación, mientras estás escuchando y no más de un 40% cuando hablas, aunque esto es apenas orientativo.
- Cada caso es especial, el contacto visual no causa el mismo efecto en las personas extrovertidas que en las introvertidas. Hay que calibrar la mirada en función de la reacción del interlocutor, atendiendo el feedback que te devuelva.
- Un truco es que, si prestas atención a lo que dice el mensaje y a la intensidad emocional de la expresión, va a ser más sencillo saber cuándo mirar. Hay que contactar visualmente

cada que la información sea relevante y cuando coloque énfasis en las palabras. De este modo apreciará la atención y comprenderá la exposición.

- Igual que con algunas personas que se sienten cómodas si no las miran, en algunas culturas el contacto visual lo toman como un irrespeto. Hay que ser flexible, adaptarse y donde vayas, lo que veas.

Cómo escuchar con la mirada

El contacto visual es la mejor herramienta para escuchar de manera activa. Sirve para abrir el canal de comunicación y permite que obtengamos información de calidad. Veamos cómo se hace:

1. Cruce de miradas: hay que mirar de manera abierta a los ojos y esperar que el interlocutor mire los tuyos.
2. Observar de frente: dirige el cuerpo a la persona que habla, para que evites miradas laterales, de reojo o que acechen.
3. Intercala miradas reflexivas: alterna contacto visual y miradas reflexivas, no te distraigas mirando otras cosas.
4. Concéntrate: lo tienes que hacer en el contenido emocional para que sepas cuándo devolver la mirada.
5. Atiende: atiende a la personalidad y al contexto cultural para que no te incomode, busca complicidad en los ojos.

Los ojos tienen el lenguaje, la mirada tiene un impacto grande en la comunicación, con un gran poder de seducción. También de intimidación, la mirada es el regulador más eficaz en la escucha y un poderoso intensificador emocional que se usa para manifestar sintonía con la forma de mirar. Hay que tomar conciencia y corregir los errores.

Si quieres que te presten atención, espera en silencio a que te miren a los ojos y es el momento de que comiences a hablar.

Contacto visual prolongado

El contacto visual prolongado denota atención en lo que la otra persona quiere transmitir o en las acciones del mismo. Viene acompañado de un levantamiento de cejas, sin embargo, si la mirada es muy intensa o agresiva puede tratarse de una mirada que desafíe.

El que el contacto visual tenga tanta relevancia se debe a elementos importantes, permite que las interacciones entre emisor y receptos se den. Es importante a la hora de tener una escucha activa o en la expresión de las emociones.

Es importante también hablar de la relevancia del contacto visual, que está presente en la comunicación. Normalmente cuando nos dirigimos a otros lo primero que hacemos es mirarlo a los ojos se capta la atención y le damos la señal que queremos comunicar.

Es relevante el contacto visual a la hora de establecer y respetar los turnos de palabra, pues si otra persona que nos hablaba de repente se calla y nos mira, a lo mejor espera nuestra intervención.

Se tiene que distinguir los tipos de contacto visual, desde los intensos y prolongados hasta los de miradas huidizas.

Todo esto que venimos viendo hasta ahora.

Mirar a los lados

Cuando estés en una conversación con alguna persona y esta de manera inconsciente comienza a mirar para los lados, es porque anda buscando una vía de escape, que se ha aburrido de la conversa y quiere que termines, el seguro monólogo que mantienes.

Tocarse la nariz

Tocarse la nariz puede indicar que una persona no está diciendo la verdad. Cuando se miente liberamos sustancias involuntaria que puede llevar a sentir picor en la nariz.

El gesto de tocar la nariz es, una versión disimulada de tocarse la boca. Puede ser varios roces debajo de la nariz o un toque rápido e imperceptible. Una explicación de esto es tocarse la nariz cuando la mente tiene un pensamiento negativo. El subconsciente ordena a la mano que tape la boca, pero en el último instante para que no sea un gesto tan obvio, la mano se aleja de la boca y toca la nariz.

Otra explicación puede ser que se toquen las terminaciones nerviosas que pican entonces es necesario frotarla.

Esto hay que combinarlo con las otras señales que iremos viendo para comprender mejor lo que es el lenguaje corporal.

El tono y volumen de voz

Tan importante como las palabras que se dicen, el tono de voz también lo es. Se ha comprobado que en apenas diez segundos la personas que nos escucha sabe solo por el tono de vez si estamos de buen humos, cansados, molestos…

Variar el énfasis en una frase varía el significado, cuando se hace se puede variar el significado, no es lo mismo decir:

- Yo no he dicho que se comiera el pastel (a lo mejor lo comió)
- No he dicho Yo que se comiera el pastel (Sé quién fue)
- No he dicho que yo me comiera el pastel (puede que se comiera otra cosa.

El tono de voz y la importancia

Muchos estudios han demostrado la importancia del tono de voz en la comunicación, por ejemplo, en Estados Unidos no se les informa a los miembros de jurado si el acusado tiene o no antecedentes penales, así no les condiciona. Sin embargo, en un estudio reciente de comprobó que los jueces al dar instrucciones al jurado ya terminando el juicio, dejaban entrever si tenía o no antecedentes penales y lo hacía solo con el tono de voz. claro, no lo hacían con intención, porque de hacer sería un delito muy grave. El tono de voz dice mucho sobre nuestro estado de ánimo o sobre las intenciones.

Diferencias entre tono, entonación, inflexión, volumen, intensidad, cadencia y timbre

El tono de voz no se tiene que confundir con la entonación o inflexión de voz. se da por las vibraciones de las cuerdas vocales, hercios por segundos y puede ser grave o aguda.

Tampoco se debe confundir el tono con la intensidad o el volumen de la voz, que se mide en decibelios.

La cadencia es la velocidad con la que se habla, mientras que el timbre son los armónicos específicos de cada voz, que es lo que permite distinguir una voz de otra.

No se puede controlar el timbre de voz, pero podemos controlar el tono, la cadencia y la intensidad cuando se habla.

¿Cuántas tonalidades hay?

Por lo general hay dos tipos:

- Un tono bajo o grave que se usa para dar instrucciones y se asocia con la autoridad, la credibilidad y el poder.
- Un tono alto, que se usa para hacer preguntas.

Persuadir variando el tono de voz

Para ser persuasivo si eres un hombre tienes que bajar el tono de voz en el sentido de una voz profunda. Para poder ser persuasivo si eres un hombre tienes que bajar el tono de voz, en el sentido de hablar con voz profunda, el hablar despacio y en tono grave transmite autoridad.

Si le quieres dar más credibilidad a las palabras, debes bajar el tono de voz, hablar con voz profunda.

Una voz profunda con un tono bajo, no solo transmite una sensación de autoridad y credibilidad, sino que genera empatía, porque da la sensación de que simpatizamos con lo que otra persona siente y nos preocupa su bienestar.

Al parecer el tono de voz más profundo de lo normal tiene efecto terapéuticos en quien escucha. No se tiene que confundir con bajar el tono de voz, sino en hablar con voz profunda, con bajar el volumen de la voz, algo que por ejemplo en el teatro se usa para crear dramatismo.

Consejos para mejorar el tono de voz

Un tono de voz naturalmente bajo se debe a unas cuerdas vocales largas y gruesas. No se puede controlar el tamaño de ellas, pero podemos mejorar el tono.

La manera más sencilla es que se respire correctamente desde el diafragma, no desde el pecho, con una postura recta y una respiración profunda, dejando que el aire llegue al abdomen. Es el mejor modo de mejorar el tono de voz cuando se habla.

Para poder mejorar el tono de voz, tienes que intentar que la respiración sea profunda, desde el diafragma y no solo desde los pulmones.

Otro modo es que se sonría, la razón no es psicológica sino fisiológica. Al sonreír se eleva la parte de atrás del paladar y las ondas sonoras de la voz salen de la garganta y la voz suena más cálida y suave.

Esto es muy importante cuando se habla por teléfono, lo seres humanos pueden distinguir por el tono de voz si la persona del otro lado sonríe, a esto se le conocer como sonrisa telefónica.

Hay empresas de telemarketing que exigen a los tele vendedores que sonrían cuando hablan por teléfono, incluso colocan un espejo frente a ellos para que sean conscientes en todo momento de lo que hacen.

Se debe visualizar en la mente lo que se va a contar, según parece, el cerebro reacciona igual ante un hecho real que uno imaginado. Cuando se visualiza en la mente la historia a contar, el tono de emoción sale natural y no hay que fingirlo.

Es más, los mejores actores no son los que fingen bien los estados de ánimo de ese personaje que hacen, sino los que no los tienen que fingir porque los pueden generar en la mente.

Como consejo, no subas el tono de voz al final de la frase

Si al terminar una frase elevas el tono de la voz, es decir es más agudo, parece que preguntas y por tanto generas dudas en el que escucha. Es más, las personas que por costumbre terminan la frase de esta manera son menos creíbles que otras.

Hablar lo suficientemente alto

Hay que hablar alto para que se te oiga bien, aunque no tan alto, que nadie pueda interpretar que te grita. Especialmente debes evitar hablar muy bajo, si habla bajo, mucha gente tendrá difícil el entenderte.

Además, se puede interpretar como timidez o falta de confianza con lo que se dice. Cundo estás frente al cliente, lo mejor es que se hable alto, pero sin llegar a los gritos, hablar bajo interpreta falta de confianza en lo que se dice.

No hablar tan deprisa

Si tienes que dar información factual no hables tan rápido, porque te impide respirar bien u acelera la mente como la de la persona que escucha, lo que genera estrés.

Aprende a hablar despacio y a respirar profundamente, con pausas frecuentes y el nivel de estrés se reduce a la mitad. Si hablas despacio y usando un tono bajo, los que te escuchan lo harán más atentos.

Para poder reducir el nivel de ansiedad aprende a hablar despacio y a respirar profundamente.

Habla más deprisa que la media

Por ejemplo, cuando quieras persuadir a un cliente, puedes hablar deprisa, aunque no tanto que sea molesto o no se entienda, porque esto le da credibilidad, hablar más rápido de lo normal.

Las personas que hablan más deprisa de lo normal son las que dicen unas tres palabras por segundo, ellas son persuasivas más que las que hablan despacio. Si una persona habla despacio, suponemos que sabe de lo que habla, por lo tanto, es más persuasiva, incluso cuando no entendemos el mensaje por la velocidad que usa.

Si quieres dar la impresión de que dominas la materia y ser persuasivo intenta hablar más deprisa de lo normal.

Esto es algo que se da especialmente en las decisiones que se toman en base a factores del mensaje, por lo general cosas de poca trascendencia, cuando el cliente está pensando que la persona parece que sabe lo que hace por lo que, aunque no ha entendido muy bien, cree que va a contratar los servicios o a comprar lo que ofrece.

Sin embargo, cuando se trata de algo de valor, que requiere meditación, hablar rápido afecta el entenderlo y esto tiene el efecto contrario, en esta caso es mejor hablar un poco más lento para persuadir.

Si estás tratando un tema de trascendencia para el cliente, habla despacio ara que asimile la información que le quieres dar, si no, va a posponer la compra.

Cuando se ha boa en público se suele comenzar hablando despacio para que la gente se adapte al timbre de voz y a medida que pasa el tiempo se va hablando más rápido.

Cuando hables de algo que emocione, habla más rápido, hablar más rápido trasmite urgencia y emoción.

Haz pausas, no hables de corrido

Para poder ser más persuasivo es importante que hagas pausas y no hables de corrido, para que respetes la tendencia natural de hacer unas 5 pausas por minuto. Sin embargo, hacer muchas pausas o que sean muy largas hace que la persona que habla parezca que tiene problemas de habla, por lo tanto, le quita persuasión, aunque no es tan grave como no hacer pausa alguna.

Cuando hables haz unas cuatro a cinco pausas por minuto, antes de decir algo importante haz una pausa, la expectación que crea el silencio genera atención y prepara a la persona para lo que dirás.

Para lograr un mejor efecto, cuando lo digas baja el volumen de la voz y lo dices pronunciando cada silaba.

El tono tiene que ir acorde con el mensaje

Trata que el tono de voz esté en consonancia con lo que quieres decir, según estudios, si el tono de voz indica algo distinto, a lo que dicen las palabras o los gestos, la persona que está escuchando sufre lo que se conoce como disonancia neuronal, cuando recibe estímulos contradictorios, lo que hace es generar confusión que a la larga pasa a ser suspicacia.

Planifica efectos de voz para momentos clave

Busca momentos interesantes en la conversación o el discurso, y planifica, para los momentos donde haya asombro, por ejemplo, el tono bajo o prolongado.

Consejos para el tono de voz:

Cuando hables con una persona importante, por ejemplo, un cliente, tienes que evitar:

- Usar un tono monótono, porque aburres y perderá el interés.
- El titubeo le resta credibilidad al discurso.
- El usar las muletillas al final de la frase del tipo "y tal" o "¿verdad?

Importante es que se baje el tono de voz para que la imagen mejore.

Cómo interpreta el oyente cuando se baja el tono de voz

En la comunicación cara a cara con las personas, el bajar el tono de voz que no el volumen, es hablar con una voz más grave, en los primeros momentos de una conversación. Esto se interpreta como señal de que la persona que habla es de un estatus superior y puede ayudar a ser más persuasivo.

Bajar el tono de voz al inicio de una conversación hace que parezca una persona prestigiosa, digna de admirar, aunque no necesariamente más respetable.

El prestigio personal se relaciona con la capacidad de persuasión sobre los otros, por eso el bajar el tono de voz al inicio de una conversación hace que seas más persuasivo.

En experimentos hechos sobre el tono de voz, se escucharon varias grabaciones de personas que no conocían los oyentes. Cuando el tono de voz era más bajo, las personas que oían decían que la voz era de una persona de influencia.

Entonces, parece que usar la voz para indicar estatus social es algo que compartimos con los demás homínidos. Tener una voz profunda ayuda a tener más carisma.

Es una cualidad que se aprecia por los líderes, sea hombre o mujer, es más los candidatos con voz profunda tienen más posibilidades de ser elegidos en elecciones.

Hablar con voz profunda te hace memorable, porque es más fácil recordé lo que dice alguien de voz profunda.

Se ha comprobado que los hombres de voces profundas son más atractivos. Esto es por el efecto de la testosterona. Sin embargo, las mujeres con voz más alta, más fina sin ser chillonas resultan más atractivas. El tono de voz típico de voz femenina, esto se debe a los estrógenos.

Cómo interpreta el cerebro el tono de voz

El cerebro puede separar palabras del tono que se usa para pronunciarlas, de ahí que el tono por ejemplo uno burlón, transmite información independientemente de lo que se diga.

Según estudios, las personas cambian el tono de voz para transmitir información sobre las emociones y sobre el entorno donde se da paso esto.

Según los estudios las mueres usan el tono de la voz para dar información, porque hasta hace poco se veía mal que una mujeres demostrara interés por un hombre y el modo de hacer, sin ser abierta era usar un tono sensual. El tono sexual es semigrave, con una baja intensidad, propio para insinuar sin decir.

Ocupar la boca

La comunicación no verbal y las expresiones faciales dicen mucha información sobre los sentimientos y el estado personal. Muchas veces de manera inconsciente lo que abre una ventana para las personas. Por eso una mirada, una mueca, un gesto, o los labios dicen mucho más que las palabras.

Este análisis aplicado a la zona de la boca es informático, la manera de sonreír, de posicionar y abrir los labios puede dar pistas de las sensaciones que genera una persona en determinada circunstancia. Vamos a profundizar en este tema con el lenguaje corporal de los labios, especialmente cuatro gestos con los que podemos leer a los otros, especialmente a la boca.

Sonreír

El de excelente, la mejor carta de presentación, la sonrisa es señal de alegría, de implicación y aceptación. Hay muchas clases de sonrisa y un estudio del lenguaje corporal y los músculos se han encargado de desentrañarlo.

Los estudios dicen que la máxima expresión de felicidad es la que enseña los dientes superiores de manera casi completa. No se puede controlar, se da de manera inconsciente. Liberas endorfinas y activa el circuito cerebral de placer. Surge sin parangones y a menudo de la mano de una carcajada.

A veces es difícil diferenciar entre esta, que sea natural o no, con una sonrisa forzada y falsa. Los gestos que se hacen en ambas son diferentes, porque en cada caso se contraen distintos tipos de músculos. Sin embargo, a simple vista es difícil diferenciarlas, por lo que las situaciones se dan de manera más clara, viendo la zona de los ojos.

Si se quiere saber si la sonrisa es real, la mejor forma es ver los músculos orbiculares que están alrededor de los ojos. Estos son los que dejan arrugas alrededor, aquí también entran los músculos cigomático, mayor y menos que nos da la sonrisa de oreja a oreja. Esa sonrisa es conocida como la sonrisa de Duchenne.

Morderse el labio inferior

Depende de la intensidad con la que nos mordemos el labio inferior, para cada caso el lenguaje puede ser diferente, al menos orienta en uno o en otro sentido. Si se hace suave y delicado es para atracción, si es fuerte llegando a marcar los dientes, puede ser nerviosismo.

Atracción

Cuando se siente atracción por una persona, es inevitable hacer un gesto. Nos mordemos el labio inferior o lo tapamos con los dientes de manera casi automática. Además, lo acompañamos con una leve inclinación de cabeza a uno de los lados, lo que da muestra de que nos sentimos encantados con la compañía del otro.

Es una comunicación no verbal que refleja lo que sentimos por el otro, y ante las situaciones. Muchas veces es complicado saber a qué se refiere el gesto, aunque el lenguaje corporal de los labios no es consciente, por lo general somos capaces de decir que estamos haciendo, por eso si tenemos rapidez, se puede maquillar un poco.

Nerviosismo

Puedes ver a una persona que esté concentrada con las tareas que está haciendo. A lo mejor se rasca el pelo, mueve las manos y las piernas sin parar. Ahora mira la cara, los pequeños cambios que se van dando en el rostro durante la jornada. Uno de esos seguramente es que se muerde los labios. Esto normalmente es que se halla en estado de tensión. Tiene apuro, o nervios.

Es una señal de que está con la activación fisiológica en movimiento y aumento.

Toma de decisiones

Si se mueven los labios de derecha a izquierda se está con el gesto de toma de decisiones. En este tiempo en que se desplaza de un lado al otro se reflexiona y se trata de decidir. El cerebro está funcionando la manifestación fisiológica se centra en la boca.

Normalmente la primera mueca es la que más dura, luego se repite el gesto algunas veces más y al final se pronuncia el razonamiento o decisión que se barajaba en el interior.

Muchas investigaciones consideran que el lenguaje corporal representa entre 50% y 70% la cantidad de cosas que se dicen.

En concreto como vemos, los labios son un pequeño mapa de lo que se piensa o siente. Sin embargo, es clave ver las otras señales que vamos viendo aquí, para combinarlas todas y tener claro de qué se trata lo que tiene la persona.

Las sonrisas

El rostro, la expresión, son carta de presentación ante los otros. cuando nos comunicamos con otras personas, sea del ámbito que sea, se tiene que tener en cuenta no solo el lenguaje verbal, también el corporal. El lenguaje corporal facilita las relaciones, es espejo de emociones de cada persona, donde el gesto es el más representativo.

La sonrisa habla de nosotros, del estado de ánimo y de la personalidad, por eso se tiene que cuidar y mantener perfecta, una sonrisa sana demuestra que cuidamos la salud, también que mostramos la mejor versión de nosotros mismos a los demás. la sonrisa es un arma que comunica, expresa alegría, ternura, confianza. A todos nos gusta hablar con una persona que sonríe.

El gesto contagia y es innato, los bebes sonríen ya desde el vientre materno. Tiene muchos significados que vas a conocer en este apartado.

- Sonrisa natural: la conocida sonrisa Duchenne, el nombre es honor al médico que la investigó, es una expresión que genera arrugas al lado de los ojos, eleva las mejillas y desciende las cejas levemente. Expresa seguridad y espontaneidad. Es la más bonita de ver.
- Sonrisa forzada: cuando una persona no está cómoda, con los dientes o boca tiente a forzar la sonrisa para ocultar los defectos, se reconoce la sonrisa forzada cuando el lado izquierdo de la comisura de los labios se eleva más que el derecho. Es el hemisferio que controla las emociones.
- Sonrisa tensa: es con los labios apretados, la boca cerrado. Es un gesto habitual en las personas que no disfrutan la sonrisa, no quieren compartirla con los otros, produce no solo tensión, sino arrugas y no satisface como cuando es natural.

La sonrisa tiene su función biológica clara, crea un enlace social que ayuda a la confianza y elimina sensaciones de desagrado. Además de que produce endorfinas, la hormona de la felicidad.

Que rían contigo

Cuando conversar con una persona, se da una risa conjunta, la persona se interesa en la conversación. Si ocurre en grupo, tiene el mismo significado.

Apoyar la barbilla en la mano

Este es un gesto que de acuerdo con el lenguaje no verbal puede tener varias lecturas de acuerdo a la posición de la palma de la mano:

- Cuando es con la palma abierta puede significar que la persona está aburrida o no tiene interés.
- Cuando es con la palma cerrada, puede que la persona evalúe lo que dice o hace.

Cabeza alta y barbilla hacia adelante

Si has escuchado en algunas ocasiones esa frase que dice que vayas con la cabeza en alto cuando una persona hace esto, se lee en la comunicación no verbal como que se es agresivo y con poder.

Vamos a conocer el significado de los movimientos más frecuentes en la cabeza:

Cabeza ladeada

La cabeza ladeada a la izquierda significa que se está en la influencia de una emoción positiva que causa cercanía afectiva, mientras que si se pone a la derecha es de reflexión por un problema a atender. La cabeza ladeada implica sumisión, porque se pone el cuello al descubierto. La posición es frecuente cuando escuchamos algo que nos interesa y en las relaciones de pareja. Se usa como uno de los gestos para seducir, en fotografía se recomienda este gesto para suavizar la expresión y hacer la mirada más dulce.

La cabeza para abajo

Si la barbilla está hundida casi tocando el pecho, se muestra desacuerdo, duda, desconfianza o agresividad, en las posiciones más agresivas viene con brazos cruzados o en jarra, con ceño fruncido y falta total de sonrisa. Con la cabeza para abajo y los brazos extendidos y manos cruzadas delante o detrás con la mirada al suelo, es señal de sumisión, si la sumisión tiene voluntad de agradar al otro, se viene de la mano con una sonrisa.

Cabeza levantada

La barbilla levantada es una imagen de autoridad, de altivez. Es un gesto relacionado con la seguridad en uno mismo y en el carácter firme y a veces inflexible, arrogante e intransigente. Pero el significado depende de los otros movimientos.

Cabeza para atrás

Es un gesto de seducción, es sexual, es un movimiento que muestra la garganta completa sin ninguna protección, es un contexto que índice que el que lo hace intenta recordar algo. Si se atiende a los movimientos se dice que:

El asentimiento

Si se atiende a los movimientos de la cabeza, se puede decir que el asentimiento es el movimiento repetido para abajo y para arriba, en muchas culturas es como el sí, pero en otros es:

- El aliento: en una conversación muestra el ánimo al otro para que avance en lo que habla.
- Acuerdo: muestra conformidad con lo que ve u oye, por ejemplo, las personas que están en una conferencia.
- Escucha activa: es un movimiento representativo de la escucha que se confunde con la señal de acuerdo.

Cierre y ganas de acabar

Cuando una persona quiere acabar la conversación, asiente con la cabeza rápidamente y repetitivo.

Es importante saber que un gesto que transmite una persona positiva, comprensiva y optimista. Sin embargo, con otros gestos se puede dar una imagen de docilidad.

Negación

Es el movimiento de la cabeza para los lados, de acuerdo con la velocidad en que se haga lo matices serán de autoridad, rechazo o nerviosismo. Pero cuando se niega algo firmemente, se busca credibilidad ante lo que nos escuchan, en estos casos, los movimientos son más lentos, serenos y emitir las palabras.

Tocarse la oreja

Muchas veces este gesto quiere decir que se quiere bloquear o no escuchar lo que se está oyendo, pero si el contexto es una conversación entre dos personas puede ser que la otra siente que le escondes algo.

El tocarse o rascarse el lóbulo de la oreja puede ser señal de que quieren dejar de escuchar o cerrar los oídos a palabras molestas. Cuando son palabras que aburren, o que no interesan. Las mujeres juegan con los aros o cabello cercano a la oreja, para los que dan conferencias este es un punto a considerar, se puede ver en el auditorio a oyentes que se aburren o desean que la charla termine cuando se tocan el lóbulo de la oreja. Algo que viene de la mano con piernas cruzadas o posicionadas en línea recta o camino a la salida.

Rascarse el cuello

Si una persona se rasca el cuello mientras te habla puede ser que no está del todo seguro de lo que le estás diciendo.

Mandíbula cerrada

Son unos gestos que se dan cuando hay una situación con la que se tiene inconformidad.

Asentir con la cabeza

Es un gesto contagioso que muchas veces tiene un significado positivo, porque comunica interés y acuerdo. Hay ocasiones donde el gesto se hace varias veces y a una velocidad que no quieres oír más.

LAS MANOS EN EL LENGUAJE CORPORAL

*L*as manos, junto con los brazos, son una de las partes móviles del cuerpo, y tienen un gran registro para la comunicación no verbal. Lo más común es que se usen para señalar partes del cuerpo, con el objetivo de mostrar autoridad o sexualidad. El lenguaje corporal de las manos sirve para que apoyes los mensajes verbales y le des fuerza.

Hay una parte del cerebro que se llama área de Broca que está implicada en el proceso del habla, estudios han revelado que se activa cuando se mueven las manos. Esto es que se gestualiza directamente unido con el habla, así que al hacerlo te expresas y mejoras la capacidad verbal. Asimismo, ha demostrado en un estudio que refuerzas los gestos con una frase que hace que llegue a la mente las palabras a usar, también el mensaje puede ser más persuasivo y comprensible. En esto se comprueba que los gesto son los que se alinean con el significado verbal. Como el señalar al referirse al pasado

Ejemplos de lenguaje con las manos

Vamos a ver todo lo que se conoce sobre el significado de los gestos de las manos que servirán para que la comunicación mejore:

- **La palma de las manos abierta**: muestra que hay sinceridad, honestidad, cando se cierra es todo lo contrario, es decir cuando está en puño
- **Manos en los bolsillos**: es pasotismo, desimplificacación en las situación o lo que se conversa.
- **Entrelazar las dos manos**: es una actitud reprimida, negativa, ansiosa. Si el interlocutor adopta esto, lo rompes, le das algo que pueda servir para que lo sujetes.
- **Puntas de los dedos unidas**: es confianza, seguridad, puede llegar a confundirse con arrogancia. Sirve para detectar si los rivales tienen intenciones ocultas, como por ejemplo al jugar póquer.
- **Sujetar la otra mano por la espalda**: es un intento para controlarse a sí mismo, por lo tanto, es expresión de frustración o disimular los nervios
- **Mostrar pulgares fuera de los bolsillos**: en hombres es un intento de demostrar confianza ante mujeres que les atraen, aunque en situaciones de conflicto es una forma de mostrar agresividad. Meter los pulgares en el bolsillo es una actitud sexualmente abierta que hacen los hombres para mostrar que no tienen miedo o interés sexual por una mujer.
- **Llevarse las manos a las caderas**: es una actitud ligeramente agresiva. Sirve para mostrar superioridad física, los hombres la usan para establecer superioridad en círculos sociales como aparentar más masculinidad ante mujeres que gustan. Entre más se expone el pecho, más agresividad comunica.

Mover las manos cuando se habla es parte del lenguaje corporal, es esencial para presentaciones, discursos, pero pocas personas se han puesto a analizar en el poder comunicacional que tienen las manos. Hay estudio que muestran que los gestos con las manos aumentan el valor en el mensaje en un 60%. Por eso la gente presta más atención al que habla.

Gestos con las manos que tiene que tener todo líder

La mente tiene entre dos mil y tres mil pensamientos cada hora. Por fortuna podemos confiar en el inconsciente para procesar la información que no rodea y que podamos hacer vita cotidiana, en caso contrario sería una pesadilla si los pensamiento fueran conscientes. Cuando se trata de una presentación, es común que muchos de nosotros sintamos una gran ansiedad antes de hablar en público, pero cuando se desarrollan las habilidades vocales y de lenguaje corporal, se tiene más chance de agregar información que desea la mente y la audiencia, si todo marcha, se deja una imagen de líder seguro y con autoridad.

No olvides que el público al que se va a dirigir tendrá miles de pensamientos que suceden por los cinco sentidos, ellos usan la vista, el oído, el gusto, el olfato para poder detectar información que se comparte.

Dicen los estudios que el 55% de la forma de comunicar ideas se da por medio del lenguaje corporal, si bien hay una serie de partes del cuerpo que tienen un papel en esta presentación. Veamos las manos y cómo un líder puede ser más impactante con ellas.

Las manos son creaciones maravillosas, pero igual que muchas partes del cuerpo normalmente se subestiman en el andar por el mundo de los negocios.

Las manos tienen un papel importante en las presentaciones. Mira cómo las puedes usar.

"A medida que crezcas, descubrirás que tienes dos manos; una para ayudarte a ti mismo y otra para ayudar a los demás".

— AUDREY HEPBURN

Palmas juntas

Es probable que este sea uno de los gestos más simbólicos en el mundo, como símbolo de culto, esto evoca respeto, paz y tranquilidad.

Se usa para transmitir un punto importante en una presentación, por ejemplo, cuando el orador hace pausas para que el público contemple y considere la importancia de una idea a compartir. Al parecer funciona mejor con los ojos abiertos, las palmas juntas y las puntas de los dedos que toquen la barbilla.

Es mejor usarlos una vez en una presentación cuando de verdad se quiere transmitir la importancia de un punto de vista

Contar con los dedos

Una parte clave en presentación de éxito es que la gente recuerde lo dicho, tú puedes después de haber salido de la sala, los otros pensamientos de la gente son sobre la información que termina de cubrir. Un bien método para que la gente recuerde los temas tratados y contar con 3 o 5 con los dedos por una presentación. Al final puedes resumir los puntos clave.

Juntar las manos, pero solo hacer contacto con las puntas de los dedos

Te caiga o no te caiga bien, Donald Trump tiene una capacidad para cautivar personas. Juntas las manos, pero solo hacer contacto con las puntas de los dedos y haciendo una forma triangular es un gesto que se ha usado por presidentes, líderes empresariales y políticos. Así se transmite autoridad y confianza. En las empresas se ve mucho este gesto, normalmente con ejecutivos.

A menudo se ve este gesto como campanario con los dedos apuntando arriba, vale la pena intentarlo con los dedos.

Brazos abiertos y palmas hacia arriba

Es importante que se sientan incluidos en la presentación. Tener los brazos extendidos con las palmas para arriba y un gran gesto, así se transmite un mensaje claro.

Apretar un dedo con el pulgar

La técnica la usan abogados que están en corte. Sirve para reducir ansiedad en instantes previos a una presentación. Se trata de pulsar la uña del dedo pulgar en otro dedo y hacerlo con presión como para sentir el pinchazo. Cuando se centra el dolor en el dedo esto sirve para no pensar en la ansiedad antes de subir al escenario. A diferencia de las otras sugerencias, en este artículo, esto no tiene que verse por los otros y es mejor hacerlo con las manos.

Imagina a un bebe chupando el dedo, es un recordatorio de lo útil que son los dedos, no se recomienda usarlo en la próxima presentación.

Mano en el corazón

Colocar la mano en el corazón demuestra honestidad. Es un gesto que tiene mucho poder si se quiere que la audiencia confíe y crea lo que decimos. Si bien es usado por políticos no se puede dudar en acudir al gesto cuando las palabras son honestas.

Encoger los hombros

Lo hombros son una zona ignorada del cuerpo y se comunican con elegancia si podemos observarlos con detenimiento. Si haces un poco de memoria, cuando eras niño, tu madre seguro te decía que te pusieras de pie, con la espalda recta, los hombros para atrás y la barbilla alta.

Lo que no vemos muchas vemos es que esto lo dicen porque con la postura mal comunicamos mensajes errados.

Con el lenguaje no verbal lo que se dice es que tenemos un mal día, porque los amigos no pueden salir a jugar, a lo mejor aprendió esto de los padres o la formación que tuvo. Pero de manera instintiva el lenguaje corporal usaba este conocimiento para comunicarse. Esta fue tu primera lección sobre signos no verbales de los hombros. En cualquier caso, sirve para que puedas ver en la vida los hombros y los pongas correctamente.

Muchos de los libros de literatura de lenguaje corporal, se centran en la cara, pero hay que considerar que los hombros tienen muchos mensajes que decir.

Es raro leer sobre los hombros, entonces, como no se toman lo haremos aquí. Ellos están prominentes, dan forma a lo que piensan otros, es parte de la salud y de las emociones y comunican. Pero mucha gente los ignora.

Se ha hablado sobre hombros musculosos, como los que están en la estatua de David, que representan fuerza, virilidad, también es valorado mucho por los griegos, domo se ve en los kouros, estatuas con espalda en V en hombres jóvenes. A lo mejor hay un componente genético en esto. Atributos positivos en hombres que tienen hombros anchos, caderas estrechas, por eso es que las mujeres se derriten por hombres cuando se quitan la camisa. Cuando un hombre tipo Henry Cavill sale con el torso desnudo. Los hombros comunican una perspectiva evolutiva, son muchas las ventajas psicológicas en compañeros de estas características.

Estamos convencidos de que los hombres con espaldas en forma de V atraen. Por eso es que las chaquetas son acolchadas para mostrar esta forma. Una vez un sastre dijo que se podría añadir acolchado adicional a los hombres si quería, era una indirecta al cliente porque tenía el cuerpo con forma de pera.

Los hombros comunican vitalidad, pero también comunican jerarquía, dominio. Un investigador entrevistaba a asesinos y delincuentes y le preguntaban cómo elegían las víctimas y esto destacaron varios elementos, la forma de las personas, que se vieran débiles, no atléticas, el conocimiento de la situación genera, no ir tras alguien que te ve por primera vez. El balanceo de los brazos, el movimiento del brazo vigoroso o pasivo y tenue, así los criminales eran depredadores dentro de la propia especie, ven los hombros como un factor clave para los que tratan de aprovecharse del otro. Los psicópatas dicen que gorilas de espalda plateada no ir, después esos de espalda plateada van detrás de los malos.

No importa la rama de los militares que veas, destaca algo, los hombres dicen mucho con una mera mirada. Dice que se es líder, que le sigan. Esto es parte del establecimiento de la jerarquía, pero es la manera de demostrar respeto. Esto es cierto en la Tumba del Soldado Desconocido del Cementerio de Arlington, donde el respeto y orgullo se muestra en la postura de esos que siempre hacen guardia en las tumbas, incluso durante huracanes, los soldados están allí, erguidos, con los hombros para atrás, comunicando que valoran el gran sacrificio de los otros. no puedes hacer eso con los hombros encorvados, por lo tanto, la comunicación de ellos es alta.

Los hombros comunican respeto, reverencia, pero también comunican alegría, felicidad, la danza del vientre en Beirut usa los hombros como los bailarines de Samba en Bahía. Es una comunicación de sensualidad, alegría. Bailan con ese espíritu humano y todo trata de los hombros, después de todo qué sería un carnaval en Río sin ver esos hombros moviéndose rítmicamente.

Los hombros pueden mostrar alegría, seducción encantadora. Al otro lado del Mediterráneo, especialmente en Italia, las mujeres pueden ver los hombros desnudos para atraer atención y para comunicar la atracción sexual de un modo burlón. Los comportamientos son casi de rigor en clásicos como los que filmó Sofia Loren.

Como con el baile, los hombros revelan lo que está en el corazón y la mente de manera eficaz. Es tanto así que se puede usar para medir la depresión, hace años un reconocido psiquiatra de Estados Unidos, dijo que muchos de los pacientes que veía estaban deprimidos y lo vio incluso antes de que abrieran la boca, se veían los hombros caídos, impotentes. Tenía razón, claro.

En las personas que están deprimidas, en cada caso se ven esos hombros desafiando la gravedad, sin movimiento espontaneo, aparecían abrumados por el peso de la enfermedad. Mientras que un niño que va a casa luego de la escuela o el parque, lo puede demostrar con los hombros caídos por minutos u horas, la depresión clínica puede ser algo que dure meses o años. con el tiempo, si no se atiende, moldea la forma en la que se percibe.

Los hombros los usamos todos los días para comunicarnos no verbalmente, mostramos lo que pensamos. Cuando una persona nos pregunta por dónde se va a determinado lugar y encogemos los hombros inmediatamente, los elevamos rápidamente y es una manera de decir que no lo sabemos. Nada más hay que decir, sea en el país desde donde estás ahora o en China. No hay nada qué decir. Si se responde verbalmente, lo más probable es que se responda con los hombros levantados a la vez que se habla, para potenciar el mensaje sin darnos cuenta. Se hace porque hacemos hincapié en lo que se dice. Es un comportamiento que desafía la gravedad, refuerza de manera positiva lo que se dijo. Se tiene más confianza en los demás cuando vemos la comunicación no verbal.

Los hombros pueden traicionar a los que no tienen confianza o que mienten rotundamente. Cuando una persona no está segura de lo que dice o no tiene confianza, los hombros reflejan esto. A medida que responden, algo como "estoy seguro que él no vino ayer a esta casa" y al hacerlo, se ven los hombres o al menos uno de ellos que se levantan ligeramente o lentamente. Es un movimiento inconsciente que muestra la falta de confianza en lo que se está diciendo.

Los médicos han encontrado esto útil cuando hablan con pacientes y les preguntan ya han tomado la medicina que le recetaron. Cuando responden con esta leve subida de hombro se descubren. Siempre que no quieren decir lo que tienen en la mente, que no les gusta tomar la medicina, para el médico es la oportunidad para preguntar cuál es la experiencia con la medicina y los problemas que le haya casado. Los hombros no mienten y se mueven ligeramente para que el que le vea tenga oportunidad de hacerle más preguntas.

El movimiento de hombros igual no es indicativo de engaño. No se debe interpretar de ese modo, sino como indicador de falta de confianza. Tiene que ser como advertencia que la persona no lo hace tal como se le dice, si un gerente pregunta si va a conseguir ese trabajo para el miércoles, si la persona dice que sí, pero un hombro se eleva un poco a medida que responde, hay problemas. La otra pregunta puede ser que qué va a afectar que no la tenga para ese día.

Es ahí cuando escuchas que tiene problemas así o asá. Que no puede porque está enfermo o las razones que tenga. El cuerpo revela lo que la mente esconde.

Los hombros se ven, pero rara vez cuando lo hacen no siempre se presta atención a los mensajes que envía, así que la próxima vez que estés viendo a las personas, puedes echar un vistazo a los hombros, al lenguaje del cuerpo que es tan honesto. Así verás lo que está en el corazón de las personas y en la mente.

Brazos cruzados

El lenguaje corporal junto con la entonación forma parte de la comunicación no verbal. Es una manera de comunicarse que usa los gestos, movimientos y posturas del cuerpo y el rostro para transmitir la información sobre las emociones y los pensamientos del emisor. Se examina a nivel inconsciente por lo que es delator del estado emocional de las personas.

En el lenguaje corporal las posturas corporales tienen incidencia porque transmite confianza y ha recibido atención por los expertos en comunicación no verbal. Los brazos cruzados, con una postura estereotipada que sin embargo debe ser analizar con mucho cuidado y siempre recordando que no se puede sacar conclusiones sobre gesto sin tomar en cuenta el contexto en el que se ve.

Así, puede que los brazos cruzados indiquen a alguien que no quiere hablar, también muchas veces lo hacen cuando hace frío o cuando la silla no tiene reposabrazos.

Entonces, ¿Por qué se relaciona con inseguridad, aislamiento o defensa? En la infancia el ser humano se esconde detrás de una barrera para protegerse cuando el niño se encuentra en medio de una situación amenazadora, se esconde tras objetos como mesas, muebles, sillas o las piernas de los padres.

Esto se oculta con el tiempo y más o menos a partir de los seis años, cuando se esconde detrás de los objetos se considera inaceptable, la persona aprende a cruzar los brazos sobre el pecho siempre que se tiene amenazado.

En la pubertad se va siendo consciente de que ese gesto ha de ser menos evidente, por lo que se ejecuta relajando los brazos un poco y combinarlo con el de las piernas cruzadas. De este modo con el paso del tiempo, el cruce de brazos evoluciona todavía más hasta ser menos explicito para las personas con las que interactúa. Así, cuando se cruza o ambos brazos sobre el pecho se forma una barrera con el significado está relacionado con el intento inconsciente de bloquear lo que se interpreta como una amenaza, en las circunstancias que no son las que se quieren.

Los brazos se cruzan en la zona del corazón y los pulmones para proteger los órganos vitales y que no se sufran daños. Un aspecto que fortalece la idea de que las postura de cruzarse los brazos sea innato. Por lo tanto, una persona que tenga la actitud, nerviosa, negativa o defensiva, es fácil que cruce los brazos, firmemente sobre el pecho con una amenaza.

Hay personas que se sienten cómodas con los brazos cruzados, sin embargo, una premisa de la comunicación no verbal indica que cualquier postura o gesto cómodo que le acompaña la actitud que corresponde. Si el sujeto tiene una mala actitud, defensiva o negativa. Se siente cómodo con los brazos cruzados y cuando una persona se divierte, se relaja y colabora normalmente no se mantiene cómodo con la postura. En estos se comprueba que por ejemplo cuando el público se cruza de brazos en una conferencia que no tiene pensamientos negativos sobre el orador. Y además se presta menos atención a lo que se dice.

Veamos en las posturas de los brazos las principales:

Brazos cruzados sobre el pecho

Es un gesto que se hace para establecer la barrera entre las persona que los cruza y algo o alguien que no le gusta esa persona. Se trata de un gesto universal que se decodifica en casi todas las culturas y las situaciones que tienen algo negativo. Se puede ver en personas que no se conocen cuando participan en encuentros públicos. En colas, en ascensores y otros sitios de la gente que se siente insegura.

Cruce de brazos reforzados

La postura incluye puños cerrados en un cruce de brazos completo. Es un gesto que muestra actitud hostil siendo una postura defensiva. Si aparece ante una sonrisa con los labios tensos o con los dientes apretados la cara roja que puede llevar a escenificar un ataque verbal o físico

Abrazo con los dos brazos

Esta es una postura donde las manos rodean con fuerza los antebrazos para reforzar la postura y evitar la exposición de la parte del cuerpo, de algún modo el que lo hace quiere consolarse. Se trata de una postura que se ve normalmente en salas de espera de médicos y dentistas y también en los aeropuertos, especialmente en personas que montan en avión por primera vez. Actitud que transmite el abrazo de los dos brazos en negativa y reprimida.

Cruce de brazos con pulgares arriba

Mantiene ambos dedos pulgares apuntando para arriba, es un gesto que muestran las personas que se sienten orgullosas de sí mismas y controlan a la vez la situación por lo general se ve al sujeto que habla y mueve lo pulgares, subrayado además los comentarios. Es una forma de demostrar a los otros que las personas confíen en sí mismo, a pesar de que los brazos se siguen manteniendo en situaciones protectoras.

Formas camufladas para cruzar los brazos

Muchas personas que se exponen a los otros, como la realeza, los políticos, personajes de televisión y estrellas de cine que intentan disimular como puede ser la inseguridad y los nervios. Por esto es que prefieren transmitir una actitud fría, controlada y calmada.

Sin embargo, la verdad es que el potencial estado de nervios, aprensión o ansiedad, se filtra por las formas camufladas de cruzarse de brazos y a la vez que en las situaciones típicas de cruce de brazos donde el brazo se desplaza por delante del cuerpo en dirección al otro brazo. En esto casos camuflados en vez de que los brazos se crucen, una mano toca o sujeta un bolso, una pulsera, reloj, gemelo o cualquier cosa que este cerca del otro brazo. De este modo la barrera queda conformada logrando la sensación de seguridad pretendida.

Los hombres que llevan gemelos suelen ajustarlos cuando tienen que cruzar un espacio en el que están expuestos a todo el mundo. en el caso de las mujeres el uso de barreras camufladas es menos visible porque ellas se pueden asir como bolsos o carteras cuando son tímidas o se sienten inseguras.

Otra barrera sutil es común es la de sujetar un vaso o una copa con las manos, que, aunque con una mano para sujetar el vaso, las dos permiten a la persona formar una barrera de brazos prácticamente imperceptible. Un gesto que usa la gente, aunque no son pocos los que son conscientes de ellos.

LAS PIERNAS EN EL LENGUAJE NO VERBAL

$\mathcal{E}$n el lenguaje corporal, las piernas tienen un papel interesante y que expresan las cosas por sí misma. Con unas señales para la comunicación no verbal, actitud defensiva, escape, interés o impaciencia. Hay expertos que señalan que las piernas al estar más alejadas del sistema nervioso central, con menos control con la mene racional sobre ellas y por eso tienen más libertad de expresar los sentimientos internos.

Vamos a ver el lenguaje no verbal de los pies

Pie adelantado

Un pie adelantado que otro generalmente señala a donde la persona quiere ir, por ejemplo, si el interlocutor apunta con los pies a la puerta en un clara señal y terminar la conversación. Cuando apunta a una persona en específico que puede revelar atracción.

Normalmente cuando adelantas el pie lo haces en la dirección que quieres ir. Esto puede tener varias lecturas, dependiendo de a dónde apunte el pie.

- Salida: si el pie apuntado a la puerta de salida, esto significa que te quieres ir y acabas lo antes posible para que te vayas. Ocurre lo mismo si la persona a la que le hablas tiene los pies mirando hacia la salida, eso es que quieres irte.
- Persona: si el pie apunta a la persona, esto significa que la consideras interesante y lo prestas con total atención.

Movimiento repetitivo

El mover un pie rítmicamente en el aire o dando pequeños golpes en el suelo, esto revela impaciencia o ansiedad.

Piernas cruzadas

Expresan actitud defensiva o cerrada, la persona sentada con los brazos y las piernas cruzadas es alguien que no presta atención a la conversación. Es un gesto que puede indicar sensación de orgullo y arrogancia si la persona que lo hace está reclinada en su asiento y apoya la cabeza en las manos, con la caja torácica ante los demás.

Tobillos cruzados

Cruzar los tobillos uno detrás del otro revela una actitud defensiva, en el caso de las mujeres el apoyar el tobillo por detrás de la otra pierna a la altura del gemelo expresa actitud.

Piernas separadas

Es una actitud masculina, que expresa dominio y territorialidad.

Sentado con una pierna elevada en la otra

Es un gesto masculino que revela una postura de competen o preparada para discutir.

Sentado con las piernas enroscadas

Es una actitud femenina, revela timidez inseguridad e introversión. Sea en conversaciones normales o cuando se haba en público, hay que tener congruencia entre el mensaje verbal y lo que habla el cuerpo, porque contribuye a reafirmar y sustenta todo lo que dicen las palabras.

El lenguaje corporal en las piernas

En lo que tiene que ver con las piernas, veamos algunas cosas interesantes, ve si quieres poner a prueba la habilidad para leer el lenguaje corporal.

Piernas que ocupan mucho espacio

Esto puede verse acorde cuando una persona está de pie, pero cuando se sienta es más evidente. Si ves a alguien que, sentada, tiene las piernas estiradas, separadas o con un tobillo en la rodilla opuesta, si ves que la que ocupa el máximo espacio posible con las piernas entonces es que el lenguaje corporal dice de esta persona que domina la situación.

Otro de los detalles es que la persona relajada y sin miedos, como también puede ser alguien con un toque de prepotente, engreído o mandón.

Piernas que ocupen el mismo espacio

Como podrás imaginar, el hecho de que una persona ocupe el mínimo espacio con las piernas, tanto sentada como de pie, es lo contrario del punto anterior, esta persona tiene confianza en sí misma de manera general o se siente intimidad por algún motivo.

Tiene que ver con el instinto más primitivo de proteger los genitales, cuando una persona se retuerce o aprieta una pierna, a menos que sea que le pica o tiene ganas de ir al baño, oculta inconscientemente la zona genital porque percibe la situación como amenazante.

Sobre esto, a lo mejor si eres mujer, tiendes a ocupar el mínimo de espacio con las piernas, si eres hombre tiendas a esconder le máximo espacio, la tendencia es porque la educación que ha recibido es así. Puede tener estereotipos y ser tradicional. Nos dice que las mujeres deben ser discretas y para nada dominantes y los hombres se deben imponer.

Piernas cruzadas

La otra tiene que ver con el lenguaje corporal del cruce. En rasgos generales, cruzar las piernas es inseguridad. También puede ser indicio de alguien fiable, en el caso de personas que no cruzan las piernas.

Hay personas que las cruzan cada que se sientan. En estos casos es un hábito, no un indicio de seguridad, si hay algo interesante que se puede inferir de un cruce de piernas. Los estudios al respecto indican que muchas veces las personas cruzamos las piernas al lado que nos agrada o nos apetece. Mientras conversas con alguien luego de un comentario, la persona cruza la pierna que está más cerca de ti o al lado opuesto, puede indicar que o no le ha gustado lo que dijiste o solo desea alejarse de ti.

El lenguaje corporal de los pies

Veamos cosas interesantes sobre el lenguaje corporal que revelan pensamiento ocultos de las personas.

Apuntan al foco de atención nuestro

A lo mejor hayas escuchado sobre esto que vamos a hablar. Por lo general, cuando nos sentamos, pero sobre todo al estar de pie las puntas de los pies apuntan a donde quieren estar. Donde tienen el foco de atención.

Esto lo puedes ver en un grupo de personas que conversan de pie. Normalmente cuando hay algún líder evidente, todos los pies apuntan a la persona. Si en este grupo hay una persona que se siente atraída a la otra, los pies apuntan para allá. Si en el grupo hay personas desagradables o antipáticas, casi que seguro ningún pie apunta a ella.

Por otra parte, si charlas con alguien con los pies apuntando a la puerta de salida, sabes que tú o la conversación no le gusta mucho, si era el problema que a esa persona no le interesa en absoluto que le cuentes cómo fue el partido de ayer.

Te delatan si mientes

El reconocido investigador sobre el lenguaje corporal, Paul Ekman, afirma que cuando una persona mientras los pies reflejan esto, porque muestran incoherencia entre los pensamientos y las palabras por medio de movimientos compulsivos inusuales. Esto no es así siempre, de modo que no debes tomártelo como un indicio de poca fiabilidad, para que sepas en qué casos esta información puede mostrarte una mentira, tienes que ver cómo se comportan los pies de la otra persona en situaciones neutras, incluso cuando tiene nervios, pero no miente. Si llegas a identificar el comportamiento normal de los pies en situaciones en que sí miente porque los pies se comportan de manera reveladora. A lo mejor se trata de un temblor inusual, de una colocación extraña o una tensión terrible.

Piernas de los hombres seguros

Cuando una persona está sentada y tiene las piernas separadas o pegadas a las rodillas, indican que están cómodos que tienen confianza en sí mismos. Otra de las variantes es que tiene característico cruzarlas piernas y poner una rodilla en la otra directamente. Cuando los pies se plantan en el piso y se dirigen a la persona con la que entablan conversación y las rodillas juntas, esto es señal de franqueza, sinceridad y atención.

Los mentirosos

Las personas que mienten tienden a poner una pierna sobre la rodilla mientras hablan. También agitan los pies en el aire con impaciencia y normalmente los dedos apuntan en dirección distinta de la persona a la que se dirige.

Los independientes

Las personas que son más rebeldes o liberales se sientan con una pierna sobre la otra, como mostrando que no tienen interés por los demás o lo que ellos piensen de él. Normalmente son personas libres de espíritu. Tienen rasgos informales.

Los que se paran en una pierna

Puede ser porque tenga un problema físico por el que se tengan que apoyar solo en una pierna. Sin embargo, esta postura hacer que las personas dispersen la atención, la postura transmite incomodidad y puede que haga preguntarse si se sienten bien.

Hay que tener presente que hay que determinar personalidades y actitudes de las personas con la observación de las piernas, requiere tiempo, porque podemos adoptar alguna de estas posiciones. Sin embargo, hay que centrarse en posturas recurrentes que adopta las personas al estar parada.

Temblor de piernas

Si una persona tiene las piernas temblorosas puede ser que está con ansiedad, irritación, nervios o todas juntas.

Tobillos cruzados

Este es un signo que indica que se está a la defensiva, al igual que cuando cruzamos las piernas. Este es un gesto que se hace con el plan de mantener el control.

El lenguaje corporal que no se debe usar en el trabajo

El comportamiento en el trabajo va más allá de ser puntual y responsable, hay cuestiones sutiles que se tienen que tener en cuenta, como los gestos y las actitudes físicas que pueden dar un aspecto de poca seriedad, afectar las relaciones o arruinar ascensos.

Es recomendable evitar estas manifestaciones del lenguaje corporal que dan ganas de tener a veces, porque el trabajo no siempre es un paraíso, pero por la armonía y por conservar el puesto lo mejor es controlarse.

Cruzar los brazos, las piernas o los pies

Se puede sentir cómodo, pero es una señal negativa que dan cuenta que se está a la defensiva, se marca distancia y se muestra refractario.

Usar el móvil

A menos que sea para cosas de trabajo y que usarlo sea parte de las labores del día a día, es malo usar el móvil en la oficina. Es una falta de respeto por las personas con las que se interactúa, cundo sea necesario hacerlo pues es mejor excusarse antes.

Poner los ojos en blanco

Es un lenguaje muy arrogante, grosero y que deja ver mucho de ti. Así que a cuidarse de no hacer esto.

Saludar con la mano floja

Este es un gesto pequeño, pero clave en ambientes laborales, aunque no se tiene que romper los huesos del otro, la mano que se extiende debe tener firmeza y seguridad para que sea agradable.

Entrar a hurtadillas

Cuando se entra en una sala de juntas, cuando se va a la oficina, incluso cando se llega tarde, no hay que escabullirse. Saludar es clave si hay gente hablando, una sonrisa o una inclinación de cabeza cumple la misma función.

Poner cada aburrida

Hacer dibujos en un bloc, distraerse, suspirar mientras otro habla son señales de que se está harto del trabajo.

Invadir espacio personal

Aunque a una persona le caiga super bien el otro, hay que respetar la distancia social que requiere cada persona. Imponer presencia física de uno sobre el espacio más próximo del otro lleva a sentir incomodidad y miedo.

Evadir la mirada

No solo se tiene que mirar a los ojos en las entrevistas. Toda conversación entre do personas exige cortesía de atención, es la manera más simple de expresarla y de no evadir la mirada.

Hacer gestos nerviosos

Jugar con el pelo, sonar nudillos, comerse las uñas, morderse los labios, todo esto es hábito de nervios, es de una persona ansiosa incluso que no se siente capaz de hacer el trabajo que le toca.

Gesticular con exageración

Gesticular es un problema, pero usar brazos y manos y expresiones faciales en la comunicación indica inseguridad y que falta profesionalismo.

Esconder las manos

A veces una persona introvertida puede esconder las manos como parte de la timidez, sin embargo, en una conversación laboral genera una impresión de desconfianza. Las manos a la vista, con las palmas abiertas de arriba cada tanto es una forma de inspirar confianza.

Mirar el reloj

Cuando se está en una conversación con una persona o un jefe, mirar el reloj cada tanto revela impaciencia y falta de respeto.

LAS POSTURAS EN EL LENGUAJE NO VERBAL

*ormalmente escuchamos que dicen de que lo que pensamos influye en el estado de ánimo, por lo tanto, en la salud y en la sensación de bienestar. Mente sana cuerpo sano. A lo mejor desconocíamos que el organismo también trabaja a la inversa, esto es que las posturas del cuerpo y el lenguaje no verbal puede llegar a afectar o cambiar el estado de ánimo. Esto es útil cuando por ejemplo tenemos que afrontar una entrevista de trabajo o una reunión o conversación difícil. Si queremos ir a ella con seguridad dentro, siendo asertivos y presentes para salir con éxito de esto, debemos saber que lo mejor que podemos hacer es adoptar posturas corporales expansivas. Es una estrategia común en nosotros.

Hay una gran relación entre la postura del cuerpo y el poder personal. El poder no solo expande la mente sino todo el cuerpo. Un lenguaje corporal expansivo y abierto se asocia con la dominación en el reino animal, como los humanos, primates no humanos, perros, serpientes, gatos, peces, pájaros y muchas otras especies. Al sentirnos poderosos el cuerpo se expande, el estatus de poder son temporales o estables, benevolentes o siniestros, hablan por medio del lenguaje no verbal, miembros que se extienden, ocupación que no es mayor l espacio vital, a postura erguida. Imagina a Superman o a la Mujer maravilla. Ellos se ven poderosos. nos estiramos, nos levantamos y con la espalda erguida abrimos el pecho, separamos los pies y alzamos los brazos.

Lo que eres se expresa con fuerza que no pueden oír lo que dices. Desde siempre se ha sabido que más allá de las palabras, la presencia conforma una gran parte de lo que se dice sin palabras.

Seguramente en algún momento has hablado con una persona magnética que apenas entra a un sitio todas las miradas se dirigen a ella. a lo mejor la persona usa el lenguaje corporal poderoso, eso es algo que se tiene que aprender, es una manera de comportarnos, las expresiones de la cara, posturas, respiración, incluye en nosotros, en los pensamientos, respiración posturas, influye en los pensamientos, conducta y sentimientos

Cuando nos comportamos con poder, los sentimientos, los pensamientos, el cuerpo y la conducta transmiten de manera automática una sensación de poder. Lo que ayuda a que estemos presentes tanto en situaciones cotidianas como situaciones duras. A lo mejor el descubrimiento más importante y sólido sea que como se ha demostrado en los experimentos, al adoptar posturas que se abran y sea abiertas nos sentimos mejor y más eficaces de distintas maneras.

Sentimos poder, seguridad, somos asertivos, menos estresados y ansiosos y más felices y optimistas. La investigación va más allá al presentar datos sobre cómo el cuerpo puede decirnos cómo y lo que sentiremos. Incluso pensar en cambiar lo que ocurre en el sistema endocrino, el sistema nervioso autónomo, el cerebro y la mente sin que nos demos cuenta.

La otra cara de la moneda es que la falta de poder no solo limita los pensamientos, los sentimientos y las acciones, también encoge el cuerpo. Cuando sentimos importancia o subordinación con alguien contraemos la postura, nos tensamos, nos protegemos o subordinamos a alguien y adoptamos la misma postura, nos pegamos a miembros al cuerpo, hundimos el pecho y dejamos caer los hombros, la cabeza se agacha, doblamos la espalda. Reprimimos los gestos y palabras al titu-bear, precipitamos y hablamos con un menor registro vocal y la voz más aguda.

Un gesto que revela la falta de poder y que a lo mejor no parezca tan impresionante es cuando nos rodeamos al cuello con la mano. Se hace especialmente al sentirnos incómodos, inseguros y en peligro, física y psicológicamente. Señalamos con claridad que tenemos miedo y nos sentimos amenazados. Hacemos este gesto para protegernos de las fauces de un depredados y nos cubrimos la carótida.

Pablo Briñol, quien es profesor de ´sicología de la Universidad Autó-noma de Madrid, hizo un experimento donde los participantes se sentaban con la espalda erguida y sacando pecho, otros con la espalda encorvada y mirando las rodillas. Mientras las personas mantenían la postura por un corto tiempo, se les pidió que se describieran a sí mismos con rasgo positivos o tres negativos que les ayudaran o perju-dicaran la vida laboral.

Al terminar el estudio, luego de relajarse y adoptar las posturas natura-les, se le pide que rellenen un cuestionario en el que puntúan el poten-cial para desempeñar la profesión en el futuro.

Los investigadores descubren que la forma en la que los estudiantes se puntuaban dependía de la posición en la que estaban. Creían con firmeza en los rasgos que habían enumerado. Al contrario, los de espalda encorvada no se sentían claros con los rasgo positivos ni nega-tivos, incluso le costaba identificarlos.

Seguramente ahora que presencias este contenido enderezas la postura, abres más el pecho, tienes la espalda más erguida. Haces que se note cómo la respiración y la expresión de la cara se relajan. Las investiga-ciones arrojan que la conducta no verbal se manifiesta por medio de muchos canales. Las expresiones faciales, los movimientos del ojo, las miradas, la orientación y la postura del cuerpo, gestos con manos, manera de andar, signos vocales como tono o volumen.

Las psicólogas sociales Dana Carney y Judith Hall, han hecho estudios dedicados sobre el lenguaje corporal y el lenguaje sin poder. Han publicado mucho contenido en el Journal of Nonverbal Behaviour. Les piden a las personas que participan qué imaginen cómo se comportan de una manera no verbal, las personas poderosas les dieron una lista de conductas y les pidieron que eligieran las que creían que les caracterizaba a los poderosos. de los sujetos con poder se esperaba que comenzaran apretones de manos, que mostraran contacto visual frecuente y prolongado, gestos amplios, postura erguida y abierta, mantener inclinado hacia delante el cuerpo y la cabeza mirando a los demás. expresiones físicas animadas y seguras.

Si estamos en medio de una reunión y tenemos deseo de transmitir seguridad, hay un gesto fácil de poner en marca, que demuestra que con las manos y los dedos se transmite poder, colocando las manos a la altura de las palmas, mirando los dedos y apuntando al techo, doblando los dedos, uniendo las yemas de modo que se encuentren en medio y separe los dedos lo más que se pueda sin que la postura sea incómoda. Si no te aclaras con esto, recuerda al señor Burns de Los Simpson con las manos juntas y diciendo Excelente…

Esto se trata de unir las yemas de los dedos, una muestra de confianza en sí mismo. Comunica que somo no con los pensamientos, que no vacilamos ni dudamos. Cuando unimos las manos por las yemas comunicamos que tenemos confianza en los pensamientos, no dudamos de la afirmación y tenemos alta confianza.

Hay que tener conciencia de la importancia del lenguaje corporal, no se tiene que hacer con el objetivo de dominar a los otros o hacer que se hagan pequeñas, de ese modo resulta difícil tener una relación. Lo ideal no es ejercer el poder en los otros, sino gozar del poder personal. Hay que sentir seguridad en vez de parecer que hacemos lo posible por dominar a otros. la meta no es intimidad, sino intimidad.

El cuerpo influye en la ente, favorece y entorpece la capacidad para sacar lo mejor de nosotros en los momentos del día a día. Ya sabes que no hay un remedio que funcione a todos. Lo que se quiere es comprender que el cuerpo envía mensajes al cerebro de manera constante y convincente y se pueden controlar los mensajes.

Haciendo respiración y yoga hasta bajar el tono de voz, podemos imaginar que adoptamos posturas expansivas o nos sentamos con la espalda erguida. Hay muchos estudios que muestran que expandir el cuerpo y sentirnos presentes se puede estando en la postura correcta.

Veamos en este capítulo cómo cada posición corporal tiene su papel en la conducta de cada uno.

Esconderse detrás de alguien o algo

Es alguien que busca protegerse de algo, que está diciendo que no se siente seguro de lo que dice y le da miedo decirlo por si falla.

Postura expansiva

Al tener los pies separados los brazos abiertos, se enseña las palmas, es una forma de postura honesta, donde no se oculta nada

Imitar lenguaje

Cuando se habla con una persona que cae bien, las posturas y los movimientos se parecen de este modo se puede saber si las conversaciones o negociaciones van según como se ha previsto.

Postura en jarras

Brindan más presencia y autoridad.

Sacar pecho

Es un sentimiento de poder y control.

Errores del lenguaje corporal que causan mala primera impresión

Además de usar palabras como medios de expresión, el cuerpo tiene un lenguaje propio, en función de lo que generamos con las sensaciones y percepciones. Vamos a ver estos gustos que tienes que evitar para no causar malas impresiones.

Si quieres triunfar el lenguaje corporal, es clave para provocar una buena impresión y generar confianza, mostrarte a ti mismo como una persona con alta autoestima y mostrarte sólido. Puedes conseguir un puesto de trabajo de esta manera, porque es esencial cuando vas a entrevistas, el que des un discurso de manera magistral, comunicarte con clientes de manera cercana, con proyectos creativos para contagiar o lograr contagiar la importancia de la idea

Hay gestos no verbales positivos y claves para lograr lo que te propongas, como mirar a otra persona a los ojos o mostrarte enérgico sin verte arrogante o agresivo, hay modos que según expertos en oratoria o proxemia pueden perjudicar la percepción que desatas en otros. Vamos a ver esto:

- Los hombros encorvados son una mala postura o una posición caída, esto te hacen ver pequeño, que no tienes confianza, que falta interés. Es clave que se tenga la columna recta, el esternón elevado, los hombros para atrás, con una postura relajada y no forzada
- La barbilla muy levantada. El tenerla así puede interpretarse por parte del oponente y otra persona como que eres prepotente, te crees superior, sensación que hace crecer especialmente si se está de pie.
- Rechazar el contacto visual, los expertos apuntan a que se tiene que mirar a los ojos 50% del tiempo que se hable con la otra persona. 70% si el interlocutor tiene la palabra. No hacerlo sugiere que no hay conexión, falta compromiso, desconfianza, rechazo. Incluso que se esconde algo.
- Apretón de manos desmedido. Esta es una modalidad de saludo basada en juntas las manos, o cuando se hace algún acuerdo, pero no es n pulso ni una competencia de fuerza, un apretón suave y firme es lo idóneo.
- No sonreír. Claro, esto varía de acuerdo a cada cultura, porque los gestos también se someten a códigos socioculturales, pero muchos países para sonreír lo toman como algo natural en la

conversación, causa una sensación agradable, y genera confianza, despierta empatía.

- Estar agitado, todos lo hacemos de manera inconsciente cuando estamos nerviosos, por lo que es clave que se intente sentar y sentirse tranquilo, relativamente relajado en situaciones de estrés. Si no, la gente va a pensar que estás impaciente, asustado o con pena, puedes ayudar con objetos
- Manos fuera de la vista, el poner las manos en los bolsillos es un hábito común en alguien que está en conversaciones o sentado. Lo mejor es que se tengan las manos en un sitio donde se puedan ver, como en la mesa.

Gestos que generan desconfianza

- Los brazos cruzados son un gesto corporal que muestra que hay disgusto o resistencia, si quieres que las personas con las que habas perciban interés los brazos se tienen que ver naturales.
- Piernas cruzadas, aunque es otro gesto que varía mucho acorde con la cultura, en Estados Unidos pueden generar desconfianza.
- Echarse para atrás es algo que puede marcar cambios, se percibe como un gesto negativo, como que hay cansancio, falta de atención. Si quieres dar una buena impresión, te tienes que sentar derecho, o ponerte un poco para adelante.
- Acercarte mucho, las leyes de la proxemia, que es la ciencia que estudia la distancia de los cuerpos de acuerdo con el contexto espacial y el grado de confianza. Que dicta que no se tiene que invadir el espacio personal de nadie, salvo en la esfera íntima, tampoco se recomienda tocar las personas si no se tiene confianza, porque podría ser incómodo.
- Mirar mucho el reloj o el móvil, aunque creas que eres sutil, los demás lo notan y lo toman como una grosería. Si tienes que ver la hora o el ovil por motivos familiares o por urgencias dilo para que no sea malinterpretado.

- Gestos grandilocuentes y excesivos tampoco, muchas personas hablan así todos expresivos y gesticulando con las manos, esto puede ser bueno, pero se debe controlar, para no afectar a la persona ni parecer prepotente.
- Puños cerrados y apretados, las manos abiertas muestran que se está con interés en lo que dice la otra persona, también muestran amabilidad y que no se tiene nada que esconder, por lo que rechaza puños cerrados. Estos denotan nerviosismo, agresividad y falta de transparencia.

Cómo analizar a una persona por sus fotos

De repente acabas de conocer una persona, te agrega al Facebook, al Instagram o a cualquier red social, y te estás planteando la personalidad que pueda tener. Desde que llegó el internet a nuestras vidas, la manera que tenemos para relacionarnos con otras personas, ha cambiado radicalmente. Ahora tenemos un espacio donde los otros pueden ver lo que nosotros queremos que vean. Las imágenes que elegimos montar, perfiles de internet que proyectan lo que queremos mostrarle al mundo. los deseos e incluso las inseguridades, es por eso que haciendo un correcto perfil de personalidad preciso.

Dime qué foto de perfil tienes y te diré quién eres.

Las fotos de perfil

Cuando elegimos una foto de perfil para cualquier red social donde la vayamos a poner, estamos eligiendo la carta de presentación para el mundo. luego de elegir hay una serie de procesos mentales que se dan para evitar dar una imagen que no queremos dar. Por ejemplo, alguien más introvertido tendrá más conflictos para cambiar a menudo las imágenes. En caso extremos, las personas se esconden en perfiles anónimos.

Hay elementos que se pueden analizar en las fotos de perfil:

- **Pose**: las personas que no tienen miedo a exponerse suelen salir con brazos abiertos, tranquilas y en imágenes de cuerpo entero, en cabio las personas reservadas a lo mejor tienen fotos más serias, con brazos cruzados en un plano más cerrado.
- **Expresión facial**: una sonrisa abierta, sin retoques y de frente, son personas seguras de sí mismas, extrovertidas, una mueca puede ser signo de querer mostrar naturalidad, pero en el fondo son inseguros, se fuerzan a salir graciosos en las fotos. Las personas más serias o que usan redes con fines profesionales salen con media sonrisa o con una expresión sin muecas y sobria.
- **Si sale con más personas**: salir con muchas personas en la foto es indicativo de ser sociable, disfrutar más de la vida en compañía y una foto en soledad no lo muestra así.
- **Con la pareja**: aunque la imagen que damos en las redes sobre la pareja no es la realidad, subir fotos o tener una foto de perfil con la pareja no es malo, al revés, una foto con la pareja es sinónimo de que dimos el paso al mundo con la persona con la que estamos unidos y que forman parte de la vida.
- **Si es una foto antigua o de la infancia**: este tipo de fotos indican que hay un anclaje al pasado, lo mejor estamos pasando un mal momento y no queremos conectar con eso o queremos irnos al ayer para seguir adelante con los retos.
- **Color de la foto**: el color también es clave, es importante, la foto en blanco y negro es signo d personalidad melancólica, poética, introvertida. Los colores vivos son alegría, vitalidad.
- **Cuando la foto no es de nosotros**: hay personas que se esconden en perfiles anónimos, avatares de jugadores, famosos, dibujos animados, estas personas van por las redes sin interés de mostrar la personalidad, sea por miedo o por inseguridades o porque no les gusta mostrar la vida a los demás.

Ahora es importante comentar que, si no andamos con cuidado, podemos terminar siendo obsesivos con la imagen y los pensamientos obsesivos pueden hacer mella en el bienestar psicológico.

La psicología del color en las fotos

En estudios se ha visto cómo afectan los colores en la vida. También se ha visto en análisis de la personalidad. Los tonos que se eligen para la carta de personalidad. Rasgos clave para nosotros

Fotos en blanco y negro

Como se ha comentado antes, una foto en blanco y negro es signo de melancolía de tendencia artística, retocar una imagen con el fin de quitar tonalidades es de mala autoestima que como consecuencia deja inseguridad al mostrarnos al mundo.

Fotos coloridas

Las fotos estridentes con muchos tonos, son característicos de personas estridentes y llamativas, no solo es signo de extraversión, los colores llamativos que indican ganas de llamar la atención y que tiene que tener presencia en la vida de otros, sea en el mundo real o en internet.

Fotos de tonos azules

El usar tonos fríos como el azul puede indicar que se tiene personalidad corporativa, sobria, elegante o una tendencia a ser una persona fría, calculadora. Estos tonos invitan a ahondar en lo hondo de las personas de cada uno.

Tonos rojos

Cuando en la foto predomina el tono llamativo del rojo, a lo mejor queremos mostrar energía, pasión, lo que tenemos en el día a día. El uso de colores cálidos denota una personalidad intensa, competitiva y a veces agresiva

Fotos de media cara

No mostrar la cara parcialmente es indicio de dos cosas diferentes:

Una personalidad misteriosa, donde media cara invita a que entres en el perfil para conocer más, ver lo que esconde la persona y desvelar la personalidad.

Desinterés por las redes sociales. Una persona que no le importa exponerse en las redes sociales, pero que, sin embargo, tampoco quiere perder tiempo en ellas. Este tipo de personas, una foto de media cara es que han dado el mensaje de que ese sí es el perfil de ellos pero que no se espere hallar toda la vida en ellos.

Fotos de espaldas

A lo mejor en la foto de perfil ni se quiera dar la cara, las fotos de espalda reflejan un nivel de resistencia a la hora de tener redes sociales y ser activo en ellas. Este tipo de fotos no se ve el rostro, por lo general se ocultan las expresiones faciales al mundo.

Una foto de espaldas se traduce como que se ha pasado un momento difícil que ahora no se tiene el valor suficiente para mostrar la cara al mundo tan extenso como lo son las redes sociales. Al final cabe comentar que, aunque es interesante saber cómo analizar a una persona por las fotos, cada persona es un mundo, es vivencia y caminos que han recorrido.

Recapitulemos, así es como puedes leer una persona

Puedes leer a una persona si ves en detalle el lenguaje corporal de este, las cosas que dice, la forma en la que lo hace, los sentimientos, la intuición. Claro, nunca podrás saber los pensamientos, sin embargo, puedes usar estrategias para que encuentres pistas relacionadas con lo que pasa por su mente y personalidad.

Comienza leyendo el lenguaje corporal

Analiza la postura, por medio de ella puedes obtener muchas pistas sobre los pensamientos de esta persona, lo que sienta si se inclina y brinda información clara, entre el 70 y 90% de la comunicación se da de manera no verbal.

- Si una persona se inclina para una dirección contraria a la tuya, esto indica que a lo mejor está estresada.
- Si se inclina para atrás somo si estuviera relajada puede indicar que se siente con poder y control.
- Si la persona tiene mala postura puede ser indicio de que no tiene autoestima o tiene pensamientos negativos.

Mira su presencia y el lenguaje corporal positivo, los expertos señalan que el lenguaje se divide en categorías de movimientos positivos y negativos.

Si identificas los movimientos dl lenguaje corporal positivo, podrás determinar si una persona tiene una opinión positiva de ti.

Si la persona mira lejos como si sintiera timidez, es signo de emoción positiva hacia tu persona.

El que se incline en tu dirección es un movimiento de lenguaje corporal positivo.

Ve la presencia del lenguaje corporal negativo, hay muchas pistas que muestran cuando una persona tiene estos sentimientos negativo para contigo o hacia ella misma.

- Si cruza los brazos y las piernas es un movimiento que muestra desconfianza.
- Que apunte con los pies para otro lugar o a la salida indica que la persona puede tener sentimientos negativos.
- Si mira al costado o se inclina en dirección contraria es signo de la presencia de lenguaje negativo.
- En caso de que se toque la nariz o la parte posterior del cuello puede que esté pensando cosas negativas.

Ve las sonrisas falsas. Hay muchos signos que permiten determinar cuando la sonrisas es de verdad o es falsa. Si es una verdades puedes notar la presencia de las arrugas cerca de los ojos, si es una falsa normalmente no notarás esas arrugas:

- Requiere el uso de más músculos faciales para sonreír sinceramente.
- Las líneas de expresión o las arrugas cerca de los ojos surgen por el músculo orbicular, que se activa al mostrar sonrisas de verdad.
- Es menos probable que las sonrisas rápidas sean reales.
- A veces, las sonrisas falsas son más grandes porque la persona intenta estirar el rostro.

Los ojos de las personas los puedes leer. Ellos son muy expresivos, por lo que puedes sacar mucha información de una personas si sabes lo que puedes ver en ellos.

- Las pupilas dilatadas indican interés.
- La mirada de poder consiste en ver solamente el triángulo que están en los ojos y frente, lo que indica que la persona no busca intimidad. Si la persona te mira a los ojos y de la boca para abajo es indicador de que sí busca intimidad. La mirada social consiste en que veas de los ojos a la boca, es algo que demuestra amistad y comodidad.
- El contacto visual se trata de un intento de dominar, o puede ser que la persona dice una mentira.
- El contacto visual dura de dos a tres segundos, antes de alejar la mirada, lo que es indicador de confianza. El contacto visual dura un segundo o menos, ahí es muestra de que evita o hay inseguridad.
- Si la persona pestañea rápido, puede indicar que siente interés por ti.
- Las personas cuando mienten suelen mirar a la derecha cuando piensan. Hay expertos que consideran que sucede cuando van a crear una historia.
- Si la persona cierra los ojos por un periodo de tiempo, indica que necesita tiempo para pensar.

Leer las manos de las personas también, así como los ojos, las manos dejan pistas de una persona y de lo que piensa.

- Si la persona tiene las palmas de las manos para abajo, es señal de que siente que tiene el poder, también puede indicar que algo se va a rechazar o detener.
- Si la persona tiene las manos para arriba, puede indicar sumisión, que la persona quiere brindar u ofrecer algo.

Lee los gestos y los contactos físicos. Puedes conseguir muchos detalles de lo que piensa una persona mirando lo que hacen las manos. Los gestos son movimientos físicos que ponen al descubierto emociones u opiniones.

- Si una persona toca la mano por un momento, es indicativo de que quiere entablar conexión contigo.
- Si se frota la nariz a lo mejor miente.
- Si esconde las manos puede que esconda algo.
- Si apoya el mentón es que va a tomar una decisión.
- Si se rasca la parte posterior del cuello es porque no ha respondido a las preguntas de alguien.
- Si identifica los gestos de imitación, si una persona comienza a hacer imitación de expresiones y gestos, puede ser que intenta venderte algo y te hace Rapport.
- Desplazarse para abajo, hacia un espacio personal, puede indicar intimidación.
- Si la persona levanta las cejas, puede indicar una opinión positiva de ti y que se quiere comunicar contigo.

Lee las orejas. Muchas personas no les dan importancia a las orejas, pero se pueden leer rostros y personalidades con ellas.

- Las orejas pequeñas indican atención a los detalles y determinación.
- Las orejas grandes son de personas objetivas, espirituales.

- Quienes tienen orejas que destacan pueden ser aventureras y dispuestas a probar cosas nuevas.
- Si las personas tienen orejas altas puede ser que son intelectuales y creativas.

Las pistas verbales

Puedes analizar las palabras que elija la persona, así obtienes pistas de su comportamiento, por medio de las palabras que emplean. Por ejemplo, si una persona indica que ha ganado otro premio, es una pista que indica que se siente insegura. Que deseaba cerciorarse de que sepas que ya ha ganado antes.

- Eso indica que sería bueno elogiar sus logros porque es un área vulnerable.
- Analiza si las palabas elegidas por esta persona coinciden con el lenguaje corporal, puedes obtener si hay cosas incongruentes.

Identifica las mentiras. Si te enfocas en lo que dice la persona, puedes determinar si miente o no. Sin embargo, tienes que situar los comentarios en el contexto y siempre tienes que tener en cuenta que le lectura tiene pistas verbales y que no siempre es infalible.

- La persona contará más tiempo para que crees la historia si responde una pregunta con otra.
- Si la persona emplea calificadores como a mí saber y entender, a lo mejor está mintiendo.
- Si miente, en ocasiones puede eliminar referencias relacionadas con ella misma, por lo que no usará la palabra yo.
- El que miente usa el tiempo presente para hablar del pasado.
- Hay estudios que ha demostrado que las personas que usan un lenguaje más formal, pueden mentir, por ejemplo, puede que usen palabra coloquiales para referirse a las personas.
- Las personas que sienten la culpa por algo a veces usan

palabras que le quitan relevancia a la acción. Por ejemplo, en vez de emplear la palabra robar, pueden decir tomar prestado.

Ten en cuenta la velocidad de la voz y el tono. Puedes ver mucha información sobre la personalidad de las personas por medio de los sonidos que mite al hablar.

- Los suspiros indican tristeza y frustración.
- Si la persona habla con mucha lentitud puede que esté deprimida o que no sea espontanea.
- Si el tono de la voz de una persona cambia de manera súbita y podría ser que miente.
- El tono de voz repetitivo es indicador de que no es tan sincero
- Si un hombre siente atracción por una mujer, el tono de voz podría variar más.

Conoce la extensión de las oraciones. Una oración promedio presente de 10 a 15 palabras. Se conoce como la extensión promedio del lenguaje en morfema.

- Si la persona usa oraciones más largas o más cortas que la promedio puede indicar que tiene estrés.
- Hay expertos que consideran que, si las personas no cumplen de manera considerable, puede indicar que mienten. Ellas seleccionan las ocasiones para analizarlas de manera detenida.

La energía emocional

Al darle la mano le das la mano a una persona con una energía. Tienes que sentirla. Determina lo que siente, si hay calidez o frío.

- En la medicina china se emplea la palabra chi para hablar de la energía de las personas.
- Otra palabra que se emplea en nuestra lengua son las vibras que nos da la persona.

- Si quieres analizar la energía, a lo mejor tienes que tocarla, la brazas le das la mano o le tocas levemente.

Acude a la intuición. No pienses mucho, la persona hace que te sientas bien o puede hacer que no te sientas a gusto. A veces ese presentimientos lo tienes que tener presente y hacerle caso.

- Los escalofríos pueden ser signo de que el cuerpo te brinda esto para mostrarte que anda mal algo. También puede ser una especie de dejavú.
- Hay personas que pueden hacerte sentir agotado y otras que te pueden hacer sentir con mucha energía. Eso es parte de las vibras de esa persona.
- Analiza los instantes de discernimiento que causan problemas en el pensamiento.
- Mira la energía de esa persona, no te enfoques en otros gestos o tonos, sino en el ambiente general que crea y la sensación que te brinda.

Lee los ojos, la energía emocional que resplandece por medio de ellos y de la mirada, la frase trillada de que los ojos son la ventana del alma, esa frase no nació por nacer.

- Mira si su mirada es ruda o amigable y suave.
- Una mirada simple puede crear intimidad. Mira el lenguaje corporal cerca de los ojos.

Cuando lees el tipo de energía de la persona das un gran paso. Los pensadores en la antigüedad crearon cinco elementos para analizar la descripción de la energía general de una persona. Ellos consideraban que se podía leer a las personas y hasta detectar enfermedades si se conocían estos elementos.

Las personas que tienen energía de fuego son extravagantes, emocionales e histéricas.

- Las personas que tienen energía de bosque tienen vivacidad, energía y frescura.
- Las personas que tienen energía de tierra, son metódicas, prácticas.
- Aquellas personas que tienen energía de fuego son histéricas, extravagantes.
- Las personas que son metal son introvertidas y depresivas.
- La energía del agua es indicador de serenidad y objetividad.

Toma en cuenta estos consejos:

- Sé bueno para escuchar en vez de hablar. Normalmente las personas no callan por el tiempo necesario para ver de verdad.
- No te bases en un movimiento del lenguaje corporal o en pistas para determinar s la persona miente. Tienes que tener en cuenta el contexto, a veces esas pistas no son tan exactas.
- Puedes mejorar la vibra en el centro de trabajo, pones en marca conocimiento sobre cómo leer personas, puede ser dando un firme apretón de manos y emplear el contacto visual.

EXPRESIONES Y MICRO EXPRESIONES UNIVERSALES DE LA CARA

⚮

Se sabe muy bien que hay muchas culturas y diferencias a la hora de mostrar las emociones. Pongamos por ejemplo a Grecia, para ellos negar asienten con la cabeza como nosotros decimos sí. Pero de la misma forma hay ciertas representaciones que son universales, como las sonrisas, las lágrimas, los ojos abiertos de par en par, podemos ponernos una película tailandesa sin subtítulos y aunque no entendamos, sabremos qué dicen las expresiones. Podemos captar el tono de las emociones que representan los actores.

La razón es porque gran parte de la comunicación es no verbal. Las palabras siempre se acompañan de expresiones faciales, postura física, gestos y movimientos.

Las microexpresiones son breves, movimientos involuntarios e inconscientes en los músculos faciales, como ira, miedo, asco, tristeza, felicidad y desprecio. Lo más importante en todo esto es que se conozcan. El doctor Paul Ekman, ha mostrado que estos gestos son universales y en todas las culturas.

Eso hace que las micro expresiones en polígrafos sean más fiables, el estudio y la percepción de ellas es una disciplina que como cualquier otra puede ser aprendida. Pero por qué aprender esto, como ya he dicho, el mensaje verbal es parte pequeña de hablar, lo realmente significativo es lo que se dice sin palabras. Así que es mucha información que se puede descifrar. Solo vemos la punta de todo.

Las micro expresiones son expresiones faciales rápidas, involuntarias que se dan como manifestación de una emoción que se siente. Ellas permiten que sepamos lo que la persona siente, esa persona con la que nos relacionamos.

El aprender a identificarlas hará más fácil las relaciones personales.

Al mejorar la expresión de las emociones y con ello las necesidades y al a vez las de la pareja, amigos, familia, por otro lado, un consejo útil para saber lo que siente una persona es que se imite la expresión facial.

Es un truco que permite que se entienda que manipulando el lenguaje corporal se puede experimentar cualquier respuesta emocional que deseemos. Dicho de otra manera, tenemos el poder de generar emociones por medio de la expresión.

Lo más importante de la comunicación es que sepamos escuchar eso que no se dice con palabras. Hay muchas expresiones que no hemos aprendido, por lo que se trata de un aspecto universal del ser humano. cuando se tratan de esconder las emociones, esta aparece por un momento breve, es más, suceden tan rápido que un ojo no ha podido verlas.

Expresiones leves faciales

Hasta ahora se han catalogado más de diez mil expresiones faciales diferentes, se identifican solo siete micro expresiones básicas. Gestos sutiles universales, que permiten leer en el semblante de la persona que veamos. Constituyen la base del resto de expresiones faciales.

Estas son las micro expresiones básicas que se constituyen así:

Ira

La microexpresión de la ira se concentra en la parte superior de la cara. Donde se baja y se juntan las cejas con el entrecejo fruncido. Se puede apretar y tensar la boca. Se separan ligeramente los labios, se suelen apretar y tensar la boca, se separan ligeramente los labios y aprietan los dientes. Con mirada penetrante.

Otro gesto propio de la ira consiste en apuntar con la barbilla para adelante en forma desafiante.

Miedo

Esta micro expresión se caracteriza por unas cejas juntas y unos ojos abiertos para visualizar todo lo que pueda del campo visual porque percibe peligro en algún lugar.

En la parte inferior de la cara la mandíbula, se afloja y estiran los labios ligeramente, es una conducta también instintiva para permitirnos gritar y agarrar oxígeno. De este modo a boca queda un poco abierta.

Alegría

La alegría se muestra con ojos achinados, con arrugas exteriores y párpados inferiores. Un truco es que cuando una persona finge alegría las arruguitas no se forman. Se ven también la sonrisa características. Entre más alegría haya más se abre para mostrar dientes.

Desprecio

Es una expresión en la parte superior de la cara que adopta distintos gestos. Dando con la clave para identificarlo en la parte inferior de la cara que ya manifiesta una expresión particular que consiste en elevar una esquina de la boca y otra que forme una medio sonrisa.

Luego de investigar en la microexpresión que se lleva a cabo por John Gottman, se comprobó que gracias a ella pueden saber si es un matrimonio que terminará en ruptura. Eso si se ve en las personas un gesto de desprecio.

Sorpresa

Se caracteriza por cejas levantadas y arqueadas con ojos muy abiertos. En la parte superior de la cara la mandíbula suelta y la boca abierta.

En las conversaciones es más importante el lenguaje corporal que lo que se habla, a través de lenguaje corporal se da mucha información que no se dice y que peor, pocas veces observamos.

La tristeza

Es una de las micro expresiones más complicadas de fingir. Porque se caracteriza con cejas bajas, que se juntan sutilmente en el centro. La comisura del os labios descienden e incluso se ve un ligero temblor.

Gran parte de las mentiras tienen éxito porque nadie se molesta en averiguar si son verdad.

El asco

Es de las más fáciles de identificar porque la expresión se concentra en la nariz y boca. La nariz se arruga y el labio superior se eleva, deja muchas veces los dientes superiores a la vista. Se producen arrugas en los lados de la nariz y la frente, como si la elevación de mejillas que también se da y se arrugan los parpados superiores.

Sin embargo, no solo se muestran cuando vamos a comer algo que queremos, la mostramos en relaciones personas que desaprobamos o alguien que nos disgusta. El asco es una emoción que se traslada al rechazo de ideologías opuestas a las nuestras, por lo que no es de extrañar ver la expresión, por ejemplo, en debates.

Si las microexpresiones se generan siguiendo patrones de estereotipos, es lógico pensar que se puede dar con un método para identificar cada una de ellas.

Por eso en los setenta Paul Ekman y sus colegas Wallace V. Fiesen, desarrollan un sistema para etiquetas cada tipo de movimiento del rostro, de un anatomista sueco que se llama Carl Herman Hjortsjö. La herramienta se llama sistema de codificación facial. Sin embargo, esto no quiere decir que se puedan detectar mentiras solo viendo las micro expresiones y no hablemos ya de algo parecido a leer pensamiento. El hecho de que estos gestos sean automáticos a causa de la expresión de genes hace que a la vez la información que aporten las microexpresiones sea inmensamente ambigua. Porque los detalles del contexto no se traducen por medio de movimientos musculares del rostro.

Las micro expresiones son clave para saber si alguien tiene alguna emoción en particular en un momento dado. Sucede esto con las micro expresiones relacionadas al miedo, son indicadores de que se teme que las mentiras dichas queden al descubierto, o puede expresar el miedo a que creamos que lo dicho son mentiras.

En el estudio de la conducta humana, pocas veces se dan grandes pesos, pero el de Paul Ekman con las micro expresiones no se parece en nada a una piedra de Rosetta de los estados mentales. Sirven sí para conocer más acerca de las predisposiciones genéticas a la hora de expresar emociones y puede servir para estudiar y aprender pautas de empatía y mejorar la comunicación. Sin embargo, como por definición las microexpresiones son automáticas e inconscientes, resulta imposible influir directamente en ellas.

Importancia de la lectura de microexpresiones y cómo se aplica

Al inicio, la aplicación se limita al área de los interrogatorios, en espacios criminales y en materia de seguridad. Pero cada día hay más personas que se enfocan para leer las microexpresiones en otros campos profesionales y empresariales.

Acorde con lo que habla que habla Ekman, la lectura de las micro expresiones, ayuda a aumentar la inteligencia emocional y hace fácil la identificación consciente de las emociones y la de los demás.

Te puede ayudar a mejorar la inteligencia social, por medio del desarrollo de la capacidad de empatía y la comprensión de los otros. esto brinda ventajas de áreas como comunicación, liderazgo y trabajo en equipo, selección de personal, negociaciones y marketing.

El programa para reconocer las emociones

Sí, como suena a ciencia ficción, pero es una verdad, actualmente hay sistemas computarizados que tienen inteligencia emocional y son especialistas en detectar las emociones de personas, tanto en fotos como en videos.

Las empresas que se dedican a desarrollar los programas, algoritmos que detectan micro expresiones en la cara, por medio de sistemas de reconocimiento facial, partiendo desde allí, identifican automáticamente la emoción que tienen.

Los sistema funcionan cada día con más precisión, haciendo posible la implementación en áreas como seguridad, detectar criminales, en la medicina y la educación.

Estos programas ofrecen un listado de aplicaciones que se usan para reconocer las emociones. Muchas de las aplicaciones detectan las emociones, tristeza, alegría, miedo, ira, asco y sorpresa.

Un detalle que vale la pena es para la detección de las emociones, no solo por medio de análisis de rostros, también a los análisis del cuerpo, la voz y los escritos. Esto sorprende mucho.

En las aplicaciones que se relacionan con la detección de las emociones por medio de las micro expresiones faciales, las emociones, la afectiva, los programas se usan en publicidad para detectar emociones que generan campañas publicitarias en el público objetivo, para así determinar la efectividad.

Cómo tener una expresión facial agradable

El tener una expresión facial agradable es un cambio que puede tener un efeto positivo en la vida. Puede hacer la diferencia a la hora de hacer amigos, conseguir empleos, comenzar relaciones y lograr ayuda en el día, para poder tener expresión facial agradable. Tienes que ser consciente de la cara, luego de eso, puedes hacer pequeños cambios para que hagas la expresión facial agradable de manera constante.

Sé consciente de la cara

Tienes que saber cómo reposa naturalmente la cara, el reposo de las expresiones faciales no siempre va en línea con la manera en la que te sientes. Muchas personas tienen carácter serio. Es una actitud poco amigable. Toma la foto de la cara en reposo y mira la expresión.

- ¿Te sientes cómodo al entablar conversaciones con alguien que comparte tu expresión?
- Si estuvieras en un bus y te piden que te presentes a alguna persona ¿puedes interaccionar con esta expresión?

Pregunta a las demás personas. Ver una foto del rostro de la cara produce sentimientos sesgados. La mejor forma de tener una idea de la verdadera expresión facial en reposo, preguntar a los otros. si te sientes cómodo, pregunta a otros, la familia, los amigos se acostumbran y a lo mejor simplemente te dicen que es la cara, preguntar a desconocidos la clase de emoción que transmitirás que hará que obtengas reacciones más honestas.

Aprende a usar los músculos del rostro. La manera más sencilla de hacerlo es moviendo las oreas, ponte ante el espejo y comienza a practicar, a lo mejor tendrás que levantar las cejas, entornar los ojos y abrir y cerrar la boca muchas veces. Todas las acciones usan distintos músculos faciales. Practica hasta que muevas las orejas porque esto demuestra consciencia y control en los músculos faciales.

- Es saber cómo hacer pequeños ajustes a la cara, esto servirá para que controles los músculos y tengas un rostro agradable.

Tienes que conocer hábitos nerviosos. Estos pueden impedir que muestres una expresión facial agradable. El que te muerdas las uñas o tener un tic nervioso puede verse poco profesional porque te ves desinteresado o distraído.

Los tics faciales como arrugar la nariz, parpadear, entornar los ojos, contraer la boca o hacer muevas son un problema constante e incontrolable, es posible que se reduzca con el tiempo a través de la hipnosis.

Los cambios

Se debe practicar en casa, ponerse al frente del espejo y practicar los cambios del rostro. Toma nota de la forma en la que se percibe el humor y cambia poco a poco a medida que cambia la cara. Recuerda los trucos que hacen que sientas mejor el rostro para que los hagas en el día de modo que mantienes la expresión agradable.

- Toma un bolígrafo, apriétalo en los dientes, lo que imita la sonrisa.
- Ahora toma un bolígrafo y lo sostienes en los labios sobresalientes, lo cual crea un ceño fruncido, te da la sensación de estar triste.
- Practica sonidos vocales, una "i" larga te obliga a sonreír, una "a" imita la expresión de sorpresa, ambas vocales inducen sentimientos agradables.

Luce interesado, toma en cuenta la inclinación de la cabeza, tener una inclinación ligera es un signo subconsciente de que te interesa y prestas atención. Esto estimula el carácter agradable.

- Evita mirar constantemente el reloj, el teléfono o la manera en la que los otros reaccionan.

Debes atenuar la mirada, hacer contacto visual y entrecerrar los ojos. Entrecerrar los ojos no es lo mismo que entornarlos. Es algo bueno practicar en el espejo. Unos ojos más llamativos son los que se ven abiertos y a la vez relajados.

La boca la tienes que tener relajada, los labios neutrales o un puchero a manera de ceño fruncido se ven menos atractivos. Ten una pequeña separación de los labios para que relajes los músculos faciales y transmitas afecto. Con la boca relajada mueves para arriba las comisuras.

Te tienes que sentir bien interiormente. Si fuerzas una expresión agradable es probable que los demás lo noten y comiencen a sospechar. Lo mejor es que se sienta realmente lo que se trata de decir. Tomar tiempo cada día para pensar en las razones que se tienen para sentirse bien. Toma un momento para que aprecies las razones y tengas el sentimiento en el día.

- Piensa en los familiares y las amistades
- Medita los logros que has tenido últimamente.
- Comienza siguiendo páginas en redes sociales con citas positivas.
- Consigue un calendario con un animal hermoso en cada página.

Estar cómodo y sonreír

Tienes que sonreír cuando sea apropiado, sonreír tiene un efecto doble, lucirás más agradable y te sentirás más agradable. Sonreír hace que los otros se sientan más cómodos y hace que luzcas cómodo. Cuando sonríes aprietas los músculos de la mejilla, lo que reduce el flujo sanguíneo que va al área cavernosa. Esto enfríala sangre que fluye en el cerebro, lo que lleva a sentimientos agradables.

Te tienes que concentrar en las situaciones incómodas. Si te hayas en una situación poco agradable, mantén la cara con una expresión agradable. El solo hecho de colocar los músculos del rostro en el patrón de la emoción agradable induce al sentimiento. En otras palabras, la expresión facial en el estado de ánimo.

Ten confianza en la apariencia, juguetea constantemente con la ropa o te arreglas el cabello cada minuto para que pierdas la expresión agradable. Las personas notarán que estás incómodo y comenzarán las dudas de la expresión lo que dará una actitud que hará que los demás se sientan cómodos e interesados.

Cómo leer personas con las expresiones del rostro

Leer los rostros es un habilidad vital, cuando se intenta comunidad con otra persona, es bueno entender las emociones que el otro puede sentir. En las relaciones interpersonales, puedes tratar mejor a las personas que son cercanas a ti. Si estás en un ambiente profesional puedes comprender mejor a lo demás, sin embargo, presta atención porque los ligeros cambios hacen representar sentimientos distintos.

Leer el rostro

Ver los ojos cuando lees un rostro, lo mejor es comenzar con ellos, porque son parte sugestiva de las características faciales. Aprenderás más sobre el humor de una persona si prestas atención a los ojos.

- Las pupilas se educen cuando vemos algo que ofenda o sea malo. La constricción bloquea imágenes no deseadas.
- Una persona puede cerrar los ojos si no les agrada o no les gusta lo que dices. Es posible también que sospeche de tus palabras y acciones. Si ves que sucede aborda el problema y aclara lo que dices.
- Los ojos que miran rápidamente a otro lado muestran que puede haber incomodidad e inseguridad. Puedes también detectar las emociones por medio de miradas a los costados. Cualquier rompimiento del contacto ocular es prueba de que no está presente del todo.

Mira los labios, los músculos de los labios son extremadamente delicados y se mueven para reflejar los ánimos y las reacciones. Cuando una persona comienza a hablar, los labios y separan ligeramente. Presta atención porque lo mejor es tener una disposición abierta y disponible cuando alguien quiere hablar contigo.

- Los labios que apuntan a la parte interna se llaman labios fruncidos que indican tensión, frustración o desaprobación. Una persona con los labios fruncidos retiene emoción. Una persona con los labios fruncidos retiene la emoción, sea cual sea y calla de manera eficaz las palabras al apretar los labios.

- Sacar los labios para hacer una forma de beso indica deseo, los labios también pueden sugerir incertidumbre al igual que un labio metido en la parte interna. Normalmente se llama esconder los labios.
- Presta atención a las muecas o movimientos de los labios. Si bien son ligeros, los pequeños cambios indican incredulidad o cinismo en algunas circunstancias. Puede descubrir a un mentiroso con los movimientos de los labios.

Evalúa el movimiento de la nariz. Si bien esta se mueve menos que los ojos o labios, la ubicación que tiene la hace fácil para leerla.

- El ensanchamiento de las fosas nasales es un movimiento común. Al momento de hacerse anchas, ayuda a que entre y salga más aire, lo que prepara a la persona para el combate. Las fosas nasales ensanchadas indican que una persona experimenta desagrado o ira.
- Puedes arrugar la nariz por un mal olor. Si vas más allá de la interpretación literal por malos olores, visto de manera metafórica como una imagen o pensamiento desagradable, puede llevar a que la persona arrugue la nariz. Si una persona tiene algo en la mente puede que arrugue la nariz. Si la persona tiene algo en la mente, puede que arrugue la nariz si tiene pensamientos que no aprueba.
- A veces los vasos sanguíneos en la nariz se dilatan, lo que hace que la nariz se vea roja e hinchada. Esto sucede cuando una persona miente. Puede que se rasque la nariz lo que la hace irritar más.

Estudia las cejas, a menudo conectadas con otros, las cejas entran en gran parte de las comunicaciones del lenguaje del cuerpo. A pesar de la cantidad limitada de músculos que se unen a ellas, las cejas son muy visibles y sugieren distintos estados emocionales.

- Arrugar el entrecejo va de la mano con las cejas. Si la frente se frunce y las cejas se levantan, a lo mejor la otra persona cuestiona el comportamiento o se sorprende del entorno.
- Cuando las cejas bajan, los ojos se esconden ligeramente. Cuando esto se acompaña con la acción de bajar la cabeza, sugiere el deseo de esconder el movimiento de los ojos.
- Las cejas que aumentan mientras las jalan para abajo sugieren frustración o ira. También puede que surgieran una concentración intensa.
- Busca un pliegue que parezca una herradura entre las cejas. Conocido como el músculo de la tristeza de Darwin, es un símbolo que muestra tristeza o dolor.

Comprender las diferentes emociones

Percibe la felicidad. Una gran sonrisa de la manera más obvia de caracterizar a la felicidad. Distinto a una sonrisa, una gran sonrisa muestra los dientes superiores. Los parpados inferiores de los ojos tienen una forma creciente.

- Hay una gran gama sobre la felicidad, puede estar contento hasta estar eufórico. Es una gran variedad en las emociones se puede detectar por expresiones similares.

Identifica la tristeza, presta atención a las cejas. Se orientan para arriba, una persona triste frunce las cejas, por lo general se puede asumir tristeza en cualquier persona para que veas cómo frunce las cejas.

- Presta atención a los parpados caídos que inclinen los ojos ligeramente.
- La gente que experimenta la tristeza puede hacerse más reservada e introvertida.

Reconoce la sorpresa, es una emoción que excita a menudo, la sorpresa se puede caracterizar por ojos grandes y abierta. En otros casos de menos sorpresa puede haber una sonrisa ligera en la boca.

- Las cejas están levantadas.
- Una persona frunce las cejas cuando experimenta sorpresa, pero el gesto puede llevar a la emoción a que se convierta en sorpresa. Una emoción poco más extrema como la conmoción que puede ir de la mano de un elemento de disgusto o miedo.
- Cualquier explosión repentina de asombro o impresión que lleva a alguien a sentir sorpresa.

Mira el miedo. Mira las cejas y los ojos, las cejas están orientadas para arriba y los ojos se abren mucho. Puede que la boca esté abierta.

- El miedo es una respuesta natural a los peligros. Si ves a una persona con miedo, busca una fuente para la respuesta. La emoción a menudo esta de la mano con comportamientos de escape o huida.
- Recuerda que el miedo es distinto al de la ansiedad. El miedo siempre viene de amenazas del exterior, mientras la ansiedad genera desde el interior.

Ve el disgusto, la nariz arrugada es una de las características de expresión de disgusto. Las cejas están para abajo y la boca abierta.

- Imagina que la persona pronuncia en silencio como ve, como si la persona haya visto algo feo. Los labios cuelgan sin tensarse y el labio superior para arriba.
- El disgusto puede ser una respuesta a comer o a oler algo que no gusta. La emoción se puede imaginar vívidamente ante experiencias que causan una expresión facial.

Detecta la ira, cuando intentes detectarla, mira las cejas, que estarán para abajo, lo que hará un pliegue, los parpados se tensan y se ven rectos, mientras las cejas están para abajo.

- La boca puede estar abierta con un grito largo.
- Puede que la cabeza esté un poco orientada para abajo, y que la quijada se ponga para adelante.

Identifica el desdén que se usa para expresar desaprobación. El desdén se marca por una quijada levantada. Esto facilita a la persona a ver desde arriba a cualquiera que le insulte.

- El extremo del labio se pone tenso y se eleva por el lado del rostro. Se identifica con una expresión que es burla.
- Puede que venga de la mano de una sonrisa ligera, como su la persona disfrutara desaprobar las acciones.

Evalúa situaciones

Al leer las macro expresiones se intenta leer un rostro, lo mejor es que se comience por buscarlas. Una macro expresión por lo general tarda entre medio y 4 segundos. Las expresiones ocupan el rostro lo que te da una experiencia completa.

- Incluso una comprensión elemental de las siete expresiones básicas te ayuda a leer las macro expresiones. Las expresiones universales incluyen alegría, sorpresa, desdén, la ira, tristeza, miedo y disgusto. Sin duda experimenta las siete expresiones, así que no será difícil leerlas.
- Si una persona expresa lo que siente por medio de una macro expresión, entonces lo mejor es que intenten responder a la emoción.
- En caso de tristeza puede que con este gesto la persona pretenda que la reconfortes, sin embargo, si te enfrentas con

una macro expresión, de desdén, es posible que intente intimidarte.

- Tienes que saber la manera más sencilla para manipular las emociones por medio de la macro expresión, porque dura más tiempo, es más fácil poder hacer una actuación de esta, no permitas que las macro expresiones falsas te engañen.

Capta las microexpresiones, estas duran muy poco, lo que hace que sea difícil detectarlas. Si una macro expresión revela cómo se siente alguien, seguramente así se revele la micro expresión.

- Cuando una persona intenta esconder emociones puede que haya fugas de la verdadera emoción. Es un error que usualmente sucede en las macro expresiones. Si no se presta atención al rostro, puede que no se vea la emoción real de la persona.
- Si se espera comprender a profundidad a una persona se tiene que ser sensible a sus micro expresiones. Un conocimiento íntimo de cómo se siente alguien es clave para desarrollar una relación sensible.
- Las macroexpresiones pueden decir la verdad, puede estar la posibilidad de encontrar una respuesta a las emociones. Si prestas atención a las micro expresiones es menor probable que omitas la emoción real.

Debes comprender las sutilezas. Esas expresiones sutiles son más pequeñas que las microexpresiones, así que detectarlas exige una cantidad grande de atención. Las expresiones aparecen antes de que se termine de sentir por completo una emoción como respuesta natural del entorno.

- Sucede también que las emociones sutiles no son la expresión completa de las emociones. Son una microexpresión o una emoción completa que pasa rápidamente. Sin embargo, una expresión sutil puede tener trozos de emoción completa.

- A lo mejor estas pequeñas expresiones son la clave para descubrir un engaño, porque la levedad de la ocurrencia puede esconderse más fácilmente que una microexpresión.

Ve con las emociones y con el lenguaje corporal. Luego que domines el reconocimiento facial, puedes comenzar a estudiar el lenguaje corporal. Este al igual que las expresiones fáciles son una parte clave en la comunicación. El reconocer los cambios es clave en la comunicación. Los cambios físicos ayudan a entender mejor a los otros.

- Cuando se busca analizar la confianza de otro, se puede ver la postura, si se está de pie, recto, con los hombros derechos, eso quiere decir que la persona se siente cómoda con el cuerpo. Andar con la espalda encorvada es una falta de confianza.
- Si la persona es honesta con las emociones puede ser capaz de mantener contacto visual fuerte. Cualquier cosa que desvíe los ojos puede sugerir que miente.
- La manera en la que habla una persona puede ir de la mano con el lenguaje corporal. Un tono de voz uniforme confirma que la emoción facial percibida va acorde con la emoción interna.
- Ten presente que algunas diferencias culturales y fisiológicas pueden alterar el lenguaje corporal como expresión facial. Lo mejor es que se confirme la opinión inicial sobre la persona y se termine de conocer bien. las lecturas iniciales son útiles, pero puede que no sean tan precisas siempre.

CÓMO DESCUBRIR A UN MENTIROSO

Seguro en muchas ocasiones has dudado de las personas, si la historia que te contaban era verdad, o te trataban de engañar. Si se te hace difícil descubrir una mentira, con este capítulo aprenderás a no hacerlo.

Hay una serie de señales físicas que se puede ver en los gestos, en la mirada, pero también en la forma de expresarse, en las palabras que se dicen en cómo se dicen

Veamos cómo desenmascaras mentirosos con la psicología y el comportamiento.

Su sonrisa

En el momento en el que se dice una mentira y se cree que el otro se la creyó, se genera una microexpresión conocida como el deleite engañoso. Es una sonrisa involuntaria que se da ante el placer que produce la mentira.

No ve a los ojos

A lo mejor este es el signo que más fácil se ve, cuando en interlocutor no puede aguantar la mirada. Todo el mundo sabe que mentir es malo y evitar contacto visual directo alivia esa culpa.

Lo que dice el cuerpo

A pesar de que se puede ser muy elocuente, el cuerpo siempre dice la verdad, si detectamos que la persona que nos habla mantiene una afirmación rotunda, pero la acompaña con gestos de dudas, o que transmiten lo contrario, entonces se está ante un mentiroso.

La cronología

Un mentiroso ensaya las mentiras para alcanzar el discurso fluido. Si cuentan una historia en orden cronológico se comienza a sospechar, puede que no sea algo increíble, pero es una mentira.

Muchas palabras

E va algo de la mesa de la oficina y preguntas si alguien tiene idea de qué pudo haber pasado, en ese momento de seguro destacan las historias las de ese compañero que da giros a la historia y usa palabras complejas para terminar diciendo que no sabe dónde está la grapadora. A lo mejor deberías buscar en su cajón de inmediato.

Distanciamiento

Otra de las claves para poder descubrir quién miente por medio del lenguaje que usa es detectando la ausencia total de nombres y hacer todas las frases de manera impersonal, incluso evita mencionarse a sí mismo en primera persona.

Un resultado artificial

Si la persona explica una historia fantástica, sonríe en momentos oportunos y argumenta con todo detalle la historia, a lo mejor acabe pareciendo una historia un poco artificial. Esta es una buena pista de lo que se cuenta cuando es mentira, así que tienes que huir de ese tipo de personas que parece que te quieren vender algo.

Parpadear mucho, respirar de manera agitada y mirar a otro lado no es señal de que alguien mienta, creer que detectar mentiras es simple, solo demuestra que la ficción no condiciona más de lo que se piensa. Sin embargo, sí se puede detectar la mentira por medio de algunos gestos.

Conocer los gestos es clave para jueces, abogados, fiscales, porque ellos los puede detectar, con cierta seguridad, cuando un sospechoso no dice la verdad.

Es cómo diría el personaje de Cal Lightman que interpretó Tim Roth en Lie To Me, serie que se basaba en las teorías del psicólogo Paul Ekman.

"No tengo mucha fe en las palabras. Según las estadísticas una persona normal miente tres veces al hablar cada 10 minutos. Gente normal, no hemos estudiado a los que pretenden volar una iglesia afroamericana, los resultados serían diferentes".

Las señales universales para mentir no existen

Capturar a un mentiroso puede no ser tan fácil como se dice aquí, especialmente si se mira a los ojos, como sucede con muchas personas, el mentiroso tiende a centrar la cara en el otro para ejercer control y que no le pillen. Aun así, algunos gestos lo delatan como el desviar la mirada, cruzar los brazos, respirar agitado, todo esto es incomodidad. Pero hacer juicios basado en esto es un grave error.

Aunque hay algunas señales que aparecen con más frecuencia en los mentirosos que entre quienes cuentan la verdad. N se ha identificado una señal universal de mentira, el mentiroso puede reducir el contacto visual, mientras que otro mentiroso lo aumenta cuando está mintiendo.

Señales comunes para detectar mentiras

Ya lo decía Paul Ekman, ni el mentiroso más experto puede controlar para siempre lo que la ciencia ha resuelto, esas microexpresiones faciales. Movimientos que no se ven que pasan por milésimas de segundo y son difíciles de controlar de manera consciente.

Por medio de ellas se puede detectar cuando la persona miente. Entre las comunes está:

Compresión de labios

Se da cuando sucede algo negativo, como un juicio. Un ejemplo de esto es O.J. Simpson, jugador famoso de fútbol americano que lo acusan de asesinar a su ex mujer y al amigo en 1994. Un año después lo absuelven en un juicio penal, después de un proceso largo polémico y cubierto por los medios tan ampliamente que hasta su serie tuvo.

Taparse la boca

Si al hablar se mantiene ese esto, quiere decir que puede estar mintiendo. Si se tapa la boca mientras escuchar al interlocutor puede dar a entender que se esconde alguna cosa.

Un ejemplo es una foto de Bill Clinton, entonces presidente de Estados Unidos, cuando le miente a millones de personas asegurando que nunca tuvo una aventura con Mónica Lewinsky

Tocarse el cuello

Es algo que denota ansiedad, miedo o nervios. Especialmente cuando se toca la horquilla esternal, el huevo que tiene forma de V que está debajo de la garganta. Los hombres suelen esconderlo ajustándose la corbata.

Las mentiras causan una sensación de picor y hormigueo en el rostro, cuello que invitan a rascarse, por eso a las personas que pilan en mentiras, recurren al gesto de tirar del cuello de la camisa, se da también con el enfado y la frustración.

Un ejemplo es la foto del ciclista Lance Armstrong cuando ganó el Tour de Francia y luego reconoció que se había dopado, fue sancionado de por vida y le despojaron los trofeos.

Movimiento de partes del cuerpo

En situaciones cómodas las personas ocupan el espacio extendiendo brazos y piernas. Cuando una persona miente la posición que tiene es cerrada, las manos tocan la cara, orejas o parte trasera del cuello, los brazos y piernas cerradas y la falta de movimientos puede ser signo de no querer dar información.

Es una señal sutil de distanciamiento, especialmente cuando se está sentado, puede tratar de ocultarse reacomodándose en la silla, a veces el cuerpo contradice las palabras y es un síntoma de que la gente miente.

Ejemplo de esto una foto donde sale Trump con Obama dándose la mano de manera fría.

El clásico movimiento parcial de hombros, como que no se fía para nada en lo que acaba de decir, el cuerpo contradice las palabras. Mienten.

La negación ventral se puede tomar de la forma en que se cruzan las piernas o se posiciona un objeto delante de uno. Es un indicador preciso de problemas cuando la persona lo hace después de haber preguntado algo complejo.

Cuando la sorpresa no es real

Si un sospechoso se sorprende más de un segundo, la sorpresa no es real, es fingida y miente.

Dentro de las expresiones de Paul Ekman clasifica como universales, se hallan las que expresan ira, asco, miedo, tristeza, alegría y sorpresa.

Frotarse los ojos

Es una señal con bastante fiabilidad de que hay problemas. Cuando no se quiere ver algo que no gusta, se tiende a frotar el ojo, si la mentira es aplastante, los hombres se frotan con fuerza en los ojos, si es más grande apartan la vista. Las mujeres acarician el ojo.

Una imagen clara de esto es una donde Vladimir Putin hace un gesto que denota que miente. Aunque siempre hay que tener en cuenta a qué responde el gesto.

Se ha comprobado que el pestañeo normal oscila entre seis y ocho pestañeos por minuto, donde los ojos se cierran por una décima de segundo. Las personas que están bajo presión aumentan el pestañeo.

Tocarse la nariz

Cuando se miente, se liberan catecolaminas, sustancias químicas que causan que se inflame el tejido interno de la nariz, por eso se mueve.

En la sinergología debería estudiarse cada caso, aunque por lo general se puede decir que un picor mínimo por debajo de la nariz puede indicar que no gusta algo o se tiene desprecio. Si se da en un lateral se relación con la imagen, con el físico y si se hace en la parte delantera, denota curiosidad, interés.

Bajar o esconder los pulgares

Los puños apretados con los pulgares metidos es indicio de molestia. Cuando alguien nos dice que dice la verdad o da muchos detalles de algo, se quieren ver que los pulgares estén visibles. Esconderlos se trata de guardarse la información.

En la comunicación no verbal, apretar los puños con los pulgares metidos es malestar, que no se comunica todo lo que se sabe.

también puede ser falta de compromiso, que no concuerda con lo que se comunica, esto puede llevar a pensar que hay mentiras.

En el fondo estos gestos y otros delatan mentiras, el cuerpo habla más que nosotros que lo podemos expresar con palabras. Solo un 7% de lo que se dice lo hacemos por medio de palabras.

Consejos del FBI para detectar mentiras

Cuando la vida y la de muchos otros dependen de la habilidad para detectar mentiras. Aprendes trucos, son lecciones de expertos del FBI que ayudan a identificar las señales de un mentiroso.

El cine ya la televisión mienten, el parpadear mucho, respirar agitado, mirar a otro lado no son señales de que alguien esté mintiendo. Creer que la detección de mentiras de simple, solo demuestra que el entretenimiento audiovisual está pasando el límite recomendado. Es hora de que baje de la nube de la ficción y poner a los que de verdad saben del asunto.

Un aspecto esencial del trabajo de los agentes estadounidenses es poder detectar con seguridad, cuando un sospechoso dice o no la verdad. La intuición de que una persona miente no es un argumento válido, una correcta interpretación de las señales que da el interrogado puede arrastrar a otros descubrimientos en la investigación.

Veamos estos consejos del FBI

El comportamiento base de debe determinar

Antes de fijarse en las señales sospechosas lo primero es que se tenga una idea del comportamiento base de la persona. Si es una persona que se conoce hace tiempo, a lo mejor ya se sabe el comportamiento usual. Si se trata de una persona que no se conoce de antes, se tiene que hacer una idea por medio de una conversación liviana, sin estrés, de unos tres minutos. Cuando se hace esa relación de confianza es cuando se logra la línea base.

El teniente Brian D. Fith, de la policía de Los Ángeles, dice que los investigadores primero tienen que determinar cómo se ve la persona y suena por medio de la comunicación honesta. Luego se debe busca comportamiento que se desvía del estilo normal o de la línea base. Se recomienda comparar comportamiento que se dan bajo el mismo contexto y el mismo tema de conversación.

Verbo antes del cuerpo

El lenguaje corporal nos da muchas señales, de eso no tenemos dudas. El verbal puede ser muy fidedigno también. En un estudio hecho en 2004, donde se incluyen a 99 policías, que vieron videos de 54 entrevistas a asesinos, violadores, pirómanos, lo que concluye que los oficiales que se basaron en señales verbales, distinguieron mejor las verdades de las mentiras, comparados con los que se basaron en señales visuales, mirando a otro lado...

No hay que acusar, sino preguntar

Hay otros estudios que señalan los tipos de entrevistas hechas por investigadores, los de recolectar información, donde se tratan preguntas abiertas buscando respuestas en detalle, en las palabras es donde se ve lo que haya pasado, las acusatorias, donde se hacen alegatos, confesiones, que se oculta algo.

Se recomiendan las del primer tipo, porque no acusan al sujeto de ningún delito y que son menos frecuentes en las confesiones falsas.

Probar haciendo preguntas directas

Las preguntas de si o no, son elementales para detectar inconsistencias en lo que nos dicen. Para probar si las personas dicen la verdad, solo se hacen preguntas de sí o no, si fallan al responder, se tiene que mostrar la bandera roja, luego de que una persona conteste un pregunta directa se le hace la misma pregunta otra vez, si falla al contestar, las probabilidades de engaño son altas.

Por qué debería creer

Otro de los indicadores es lo que la persona responde a una pregunta clave. Cuando las personas honestas responden suelen decir porque dice la verdad los mentirosos tienen problemas para decir porque dicen la verdad, porque no dicen la verdad, en vez de eso, dan respuestas como que son honestos, que no tienen que creer si no quieres o no hay razones para mentir…

No hay señal delatora

No hay señales delatoras que delaten al mentiroso, si hay señales, algunas, como el desviar la mirada, cruzar los brazos, respirar agitado, pero basarse solo en esto es un gran error. Hay señales que se ven más frecuente en los mentirosos que en esos que cuentan la verdad, pero no se ha identificado una señal para mentir. Esto es porque no todos los mentirosos muestran el mismo comportamiento. Un mentiroso puede reducir el contacto visual, mientras que el otro lo aumenta como respuesta a la misma pregunta.

Fijarse en las señales

Como se ha explicado no hay una señal única para detectar mentiras, pero si se comienza a identificar un grupo de señales sospechosas, cuando se establece el comportamiento base es cuando se puede comenzar a hacer las preguntas.

Las señales

Hay una serie de señales que hay que ver para poder identificar a los que están engañando.

Preguntas de seguimiento

Cuando se identifican las señales que nos hacen ruido al compararlo con el comportamiento base, se tiene que hacer un seguimiento a las preguntas que lo provocaron. No es que se acuse, sino que se indague más en profundidad, no se sabrá a menos que se pregunte, no se debería tratar de ser un lector de mentes.

Las mentiras fallan por muchas razones, una de ellas es que a lo mejor la víctima descubre el engaño por accidente, encuentra un documento escondido o un cuello de camisa con lápiz labial.

Puede suceder también que la otra persona delate al mentiroso, el colega con envidia, la esposa abandonada, el informante pagado para eso, son algunas fuentes básicas de detección de engaños. Pero lo que nos importa son los errores cometidos en el acto mismo de mentir, contra la voluntad del que miente, conductas que llevan mentiras al fracaso. La pista sobre la mentira se puede ver en cambios de expresión facial, la inflexión de la voz, el hecho de tragar saliva, el ritmo respiratorio que sea profundo, superficial, pausas largas entre palabras, deslices verbales, expresiones faciales sutiles, además que no aplican. El tema es que esto puede evitarse con las conductas que traicionan, a veces lo logran.

Los mentirosos no siempre prevén el momento en el que tienen que mentir, no siempre preparan el plan para seguirlo, ensayarlo, saberlo de memoria.

Detectar mentiras por la voz

Se entiende por voz todo lo que se incluye en el habla, además de las mismas palabras, los indicio vocales comunes de un engaño son pausas muy largas o frecuentes. La vacilación al comenzar a hablar, en especial cuando se tiene que responder a preguntas, esto puede generar sospechas, así como otras pausas menores en el discurso

Hay otras pistas con errores que no forman palabras, son las interjecciones como Ah... ohhh... esteee... las repeticiones como el yo, yo, yo... palabras parciales como en rea-realidad está...

Errores y pausas que denotan engaño y eso se puede deber a dos razones vinculadas entre sí. El mentiroso a lo mejor no ha hecho un plan de antemano, si no suponía que iba a tener que mentir o que lo suponía, pero con una determinada pregunta le pilla por sorpresa, puede incurrir en vacilaciones o errores vocales. Sin embargo, se pueden dar incluso cuando hay planes previos elaborados, recelos que pueden afectar los errores de por sí hechos, que advierte lo que se dice y que tendrá más temor de que la capturen, lo que hará aumentar los errores vocales y aumentar las pausas.

Igual con el sonido de la voz que deja traslucir ensaño. Por lo general se cree que el sonido de la voz revela emoción que en ese momento siente que la emite. Pero los científicos que han investigado sobre esto, no tienen la seguridad, si bien descubren varias formas de distinguir las voces agradables, de las desagradables, aún no saben si el sonido difiere para cada una de las emociones de desagrado, como temor, rabia, congoja, molestia profunda.

Lo que más se ha investigado es el tono de la voz, el tono se eleva cuando se está bajo el influjo de perturbaciones emocionales. A lo mejor esto es más válido cuando la perturbación es un sentimiento de ira o de temor. Hay datos no tan claros que muestran que el tono desciende al haber tristeza o pesar. No se ha podido averiguar los científicos si el tono cambia o no en momentos de entusiasmo, repulso o desdén. Hay signos de emoción que no se han demostrado bien, pero si prometen, son de más velocidad volumen de voz, cuando se siente ira o miedo. Menor velocidad al sentir tristeza.

Los cambios en la voz que se dan por emociones no se pueden ocultar fácilmente, si se quieren disimular es algo que se siente en el momento en el que se miente. Hay muchas probabilidades de que el mentiroso se delate, si la meta es ocultar la ira o el miedo, la voz suena aguda y fuerte, el ritmo del hablar se incrementa, la pausa opuesta de los cambios delata lo que se siente, la tristeza que se quiere esconder.

El sonido de la voz muestra las mentiras que no se han dicho, las emociones en juego, el recelo a que se descubra, esto genera sonidos semejantes a los del miedo, el sentimiento de culpa por engañar altera la voz, en el mismo sentido que la tristeza, esto solo es una conjetura, no se sabe con certeza si el deleite por embaucar se puede identificar y se mide en la voz. la creencia particular es que cualquier clase de excitación o pasión tiene la marca vocal, pero no se ha establecido esto.

En un experimento con estudiantes de enfermería, se ve que el tono cambia cuando se engaña. Se nota que el tono se hace más agudo, se cree que esto es porque las enfermeras tenían algo de temor. Hay dos motivos para esto, los investigadores se habían empeñado en que sintieran que en ese experimento había mucho en juego para ellas. De este modo tenían gran recelo a que las descubrieran, por otro lado, el ver las escenas horribles de la película médica les metía miedo, por empatía en algunos. No se habría logrado el resultado si una de las fuentes de temor hubiera sido menos intensa.

Vamos a suponer que se hubiera estudiado a personas cuya carrera no estuviera comprometida por la prueba y solo fuera un experimento más. Siendo tan poco lo que se jugaba, al o mejor no habrían sentido ya bastante miedo como para que eso se notara en el tono de voz.

CÓMO RECONOCER LAS PERSONAS MANIPULADORAS

as personas que manipulan están en todos lados, presentes en el círculo de amigos, en las familias, los trabajos, en la gente que se tiene cerca y lejos también la verdad. Muchas veces no podemos identificar el comportamiento porque confunde, se muestran como son, pero a veces se ven amables y comprensivos.

La persona manipuladora es nociva, para ti y para el entorno. Entonces más que velar por el éxito de las cosas, esta persona anda buscando lo que sea para poder conseguir lo que quiere.

A veces nos comportamos manipulando, sucede en algún momento de la vida, pero también lo es que una persona sea manipuladora como hábito, es parte del carácter.

Así es como puedes detectar a un manipulador:

Cambia de comportamiento rápidamente

Seguramente te ha pasado que una persona que nunca antes te había siquiera mirado ahora te hace un cumplido de la nada los manipuladores te suelen acudir con estas acciones para levantar un poco el ego de la otra y entonces allanar el camino para pedirles algo. Si es alguien que no es cercano puede intentar convencerte de que eres el mejor amigo. Cuidado con esto.

Necesitan controlar

Los manipuladores padecen el conocido complejo de superioridad. Son personas que tienen rasgos cercanos al egocentrismo y al narcisismo. Les gusta superarse a sí mismas y superar el nivel alcanzado antes buscando otros retos mayores. Sin embargo, las personas que tienen la necesidad de considerarse así, incluso seres perfectos se sienten, se echan méritos ajenos. Denotan una inseguridad que meten con una concha de poder, pero que en el fondo esconden miedos apabullantes a verse como seres débiles.

No se sacian

Cuando son manipuladores se sienten llenos de poder, sucede normalmente, ellos desean más. Los principios morales se van dañando, al ser conscientes que por sí mismo no pueden alcanzar metas, pero que con la manipulación pueden proporcionar llegar a metas, hacen uso de méritos ajenos a espaldas de otros. esto les colma la ambición. Ansias que al igual que la droga produce una especie de adicción.

Ve tus debilidades o inseguridades

Cuando las encuentran las usa en contra tuya, una y otra vez.

La verdad es que todos tenemos debilidades y son el instrumento que usan para herirnos. Dado que si se titubea en lo que se cree hay algo que te da vergüenza, que quieres esconder, entonces la persona que manipula trata de averiguarlo y si puede lo usa en tu contra.

Es convincente

Los manipuladores son convincentes en los argumentos. Una persona así es capaz de convencerte de que renuncies a los valores, objetivos e intereses con tal de servir a sus propios intereses.

Tiene talento para hacerte sentir culpable

Sn experto en lograr que sientas remordimiento, logran que tenga conductas que te hagan sentir mal.

Asume que piensas cosas que ni siquiera has dicho

Como te conoce bien, sabe lo que piensas, eso es lo que dicen, es lo que te hacen creer y caes. Ellos piensan cosas que ni siquiera dices y te lo restriegan y te sientes culpable.

Suele justificar la manera en la que se comportan

Usan frases como que no eres la única persona que lo piensa, es una manera astuta de quitarse un grado de responsabilidad y sustentar el argumento.

Crea confrontaciones

Buscan triangular las cosas, ponen a unas personas contra otras.

Busca que sientas lástima por ellas

Algo que usan es la lastima, es una manera de manipular, es sutil. Las personas manipuladoras suelen ponerse como víctimas, de este modo usan tu empatía en tu contra. Si pueden lograr que te sientas mal, sabe que eres sujeto a manipulación.

El consejo es que se eviten personas en la medida de lo posible cuando se vean manipuladoras, al menos hay que trabajar para no caer en el juego de ellos.

No caigas en provocaciones

Antes de creer en sus palabras, se tienen que hacer preguntas correctas, confirmar hechos, verificar la información, creando un ambiente de transparencia para que la manipulación no proceda.

No todos los manipuladores son iguales

Como manipular es un arte se puede decir que el don de manipular se basa en capacidades y habilidades, se pueden reconocer varios tipos de manipuladores dentro de la categoría. Los conoceremos ahora mismo:

El incitador

Este es típico, hace alardes de fuerza, además de agresividad. En este caso si eres una persona pasiva puedes ceder para que ahorres el enfrentarte a él. De este modo el manipulador consigue por medio de la coacción lo que quieren en el caso de las personas que tienen conductas antisociales.

El desprestigiador

El narcisismo es marcado, simplemente se siente perfecto, un mirlo blanco, nunca rompe un plato. La regla que este tiene es la única que vale, es un don perfecto, hace hincapié en que te equivocas cada que dices una cosa, cuando pueda va a poner de relieve los defectos y te hará sentir ridículo con el sarcasmo. Son personas que se dedican a juzgar a los demás pero que no se miran en el espejo si no es para alabarse a sí mismos.

El interpretador

Es una persona con alto índice de nocividad, cuando se grupos de personas se trata, puede ser en el trabajo, la familia, tiene personalidad maquiavélica y retorcida, actúa extrayendo palabras y cambiando el sentido de manera intencional, distinto al mensaje que querías dar.

Con esto consigues tragarte las palabras, que no eran las correctas, que te pasaste de la raya o que no has pensado lo que decías hiriendo así a otro. Se transforma de este modo las palabras, diciéndola a la persona que más le conviene, cambiando la intención por lo que puedes terminar siendo el malo.

La víctima

A este tipo de personas le han hecho daño, no para de quejarse de todo lo malo que le ha pasado, de preguntarse que por qué a él. Se centra en el dolor, se escuda en las conductas reprobables bajo el victimismo. Siempre es el que menos suerte tiene, por encima de los otros. es una persona con un cuadro conductual que se conoce como síndrome de Job.

También induce a pensar que son los demás los que abusan de él, reclama justicia y se tiene a sí mismo como una persona inocente, una mansa paloma que no ha hecho nada. De este modo crea el discurso para que sientas esa lástima, lo injusto del mundo, entonces aprovecha el discurso para que bajes la defensa, que accedas a lo que pida por lástima o por culpa.

Pero la decepción te tocará, porque no es lo que querías, pero ya habrá logrado su meta por medio del llanto.

La rémora

Este es un tipo de manipulador que se vale del ego, puede hacerte sentir superior, a tú lado él es nada, un torpe, un débil, es claro, no puede hacer nada, pero tú sí. De este modo hace lo que no puede él.

Lo que causa esto es el ego, que hacen que te obligues a hacer eso que el manipulador no quiere hacer, de este modo salen las consecuencias del ejercicio sin lograr más recompensa que la sensación de capacidad que luego se convierte en un derroche de esfuerzo donde no vale la pena, además de que aparece el cansancio.

Cómo protegerse de esta clase de personas

Hay varias clases de manipuladores, como se ha podido ver. Ahora, qué precauciones se pueden tomar para no caer en estos juegos.

Ser conscientes

Lo primero es que se tome consciencia de la manipulación. Hay derechos que no se pueden violar y que no se pueden traspasar, estos son esos derechos:

- Un trato respetuoso.
- Las prioridades tuyas primero
- Expresar la opinión y la sensación que tengas.
- Defenderte físicamente o emocionalmente.
- Decir que no sin sentir culpa.

Si te relacionas con una persona y sientes que los derechos son socavados, considera que puedes estar siendo usado por un manipulador.

Ten una distancia segura

Tienes que tener distancia emocional igual que cuando se conduce se mantiene una distancia del coche de adelante para que no choquemos. No permita que nadie invada tu espacio ni te aproximes a la tela de araña que te ponen. No te pueden herir si no lo permites.

No es tu culpa

Si dices que no a una pregunta de la que se ha citado antes, considera que puede que seas una víctima y no al contrario hay aspectos de la realidad que tienes en los cuales puedes ejercer control, sin embargo, muchas de las cosas no están en nuestras manos entonces no tienes la culpa de lo que pasa a tu alrededor, de este modo si comienzas a sentirte de esta forma, trata de averiguar lo que sucede.

Debes cuestionar:

- Si te parece que lo que pides es razonable.
- Lo que se debería decir en tu opinión.
- Si lo pides o lo dices.

Todo esto te hará considerar el sujeto manipulador que ha sido delatado y a lo mejor busca a otra persona para engañar.

Tómate tu tiempo

No respondas a las demandas de inmediato, antes tienes que reflexionar, los manipuladores con frecuencia ejercen presión en las víctimas de modo que no se demoran en el omento de acceder a las demandas. Ellos saben reconocer los momentos fundamentales para no permitir que la presión del momento haga ceder la racionalidad, hacen que los intereses de otros no pasen por delante.

Sin dudar

No puedes vacilar en las convicciones y mantenerte firme en las afirmaciones. Los manipuladores son hábiles a la hora de interpretar la comunicación no verbal, si dudas van a notarlo y pondrán presión hasta que cedas.

Para terminar, si te topas con personas que actúen así, lo mejor es que le quites la máscara. Si puedes lo tienes que intentar para que sea consciente de que la conducta es negativa a los otros y especialmente a sí misma.

Sea como sea, no vaciles y usa las herramientas que conoces para que no seas víctima de manipulación.

EL LENGUAJE DE LA APARIENCIA PERSONAL

La imagen personal transmite información por medio de códigos:

- Imagen externa
- Expresión
- Saber estar
- Actitud.

Una regla que es básica es conocerse y aceptarse, clave para poder transmitir la esencia con naturalidad, con seguridad en cualquiera de los códigos expuestos.

El otro paso es que se conozca y domine cada una de las herramientas que tienen los códigos en la imagen personal.

La imagen externa que va más allá de la belleza exterior. El vestir bien o tener maquillaje impecable. La imagen externa tiene que ir con el mensaje que se quiere transmitir.

La vestimenta y los accesorios se tienen que adaptar a las líneas, las formas, volúmenes, tejidos, materiales y colores y a la tipología del cuerpo y las características de cada persona por medio de un estilo y forma actual.

El cabello, corte, color y cuidado tiene que ir acorde con el estilo de vestir. El maquillaje, la sobriedad, y naturalidad a la hora de elegir productos depende de la tipología y las características de cada rostro.

El maquillaje es para la mujer y también para el hombre, el perfume es acorde l tipo de piel y la forma de ser, la higiene es elemental, todos lo elemento tratados sirven para proyectar una imagen deseada o distorsionada totalmente.

La expresión es cuando la persona es expresiva a nivel facial o no lo es, cundo miran a las personas con las que hablas de manera segura o desvías la mirada fácilmente.

Cuando el registro de la voz es alto o medio, si la comunicación es clara, segura en todos los entornos de la profesión.

El lenguaje las expresiones, los gestos, mirada, movimientos, etc. La imagen personal se define como una expresión de rompecabezas para que se haga de manera satisfactoria y que encaje con las piezas milímetro a milímetro. Así la expresión es eficaz por medio de la imagen.

Como consejo hay que hacer que el mensaje que se hable se proyecte con coherencia en los gestos y sonrisa. Ten presente que el 93% de la comunicación es no verbal y el 7% es verbal.

Se debe gestionar la expresión verbal y no verbal por igual, en lo que se haga a diario, en comidas o ponencias. La comunicación no verbal consciente o inconsciente habla por ti y puede influir en la comunicación con los otros.

El saber esto, con las conductas y las capacidades que se pueden hacer y las relaciones con otros. las normas y las conductas se tienen que saber proyectar correctamente en el entorno e influencias de manera positiva la imagen. El consejo es que se sea puntual, que se sea esencial, se salude de manera coherente en el entorno y siempre con seguridad. El trato social tiene que adaptarse al trato con la edad.

La conversación es escuchar y hablar, hacerlo en el momento correcto sin olvidar adecuar la imagen externa al evento.

La actitud es el comportamiento que se usa en una acción, es la huella que cada persona deja reflejada en la forma de ser y hacer en las situaciones personales y profesionales.

El aspecto físico, la vestimenta, el lenguaje, los gestos, expresiones, movimientos modales y la actitud configuran la imagen integral. El otro paso es que se entienda y trate la imagen personal en el conjunto y se alinee con la coherencia acorde a lo que se quiere pasar y con la identidad propia.

Hay que ver lo que se aparenta, a lo mejor es una pregunta que nos hayamos planteado en algún momento, si no te la has hecho pues en este apartado ahondaremos en los canales potentes de la comunicación no verbal. Uno que es excelente, la apariencia.

Está a sensación de que lo que tenga que ver con el concepto de parecer se considera como algo que se rechaza, alejado de lo auténtico, hay muchos refranes negativos sobre la apariencia y no debería ser así:

- Un lobo con piel de cordero
- El hábito no hace al monje
- Caballo grande, ande o no ande
- No es oro todo lo que reluce
- De noche todos los gatos son pardos
- No todo el que lleva zamarra es pastor
- La oveja negra resultó ser la oveja blanca
- Aunque la mona se vista de seda...

Del mismo modo una de las cualidades que más se ven son los asesoramiento de comunicación no verbal, se percibe como algo honesto, que parece honesto, en resumen, aunque en sí misma la petición se puede tomar como una contradicción sutil.

En todas las comunidades del globo sean más industrializadas o estén en contacto con la naturaleza, sea una sociedad nipona o masai. Se cuida la apariencia en algún grado y los aspectos. Los animales tienen rasgos de apariencia engañosos que se orientan a la supervivencia, los colores intensos que dan paso de los venenosos que son insectos que parecen palos, peces, que pareces rocas, mariposas, con dibujos que en forma de ojos en las alas.

Vamos entonces a los humanos de nuevo, en la interacción social la primera toma de contacto con otros, la apariencia se da por medio de la vista, por eso en las primeras impresiones la apariencia desempeña un papel clave sin duda alguna. Siempre se recomienda cuidar los detalles en ese encuentro, una cita romántica, una entrevista laboral, un juicio, la venta de una casa, pero la apariencia no es importante solo para formar una primera impresión, sino que en varias interacciones en casi todas las ocasiones sigue siendo clave desde el punto de vista comunicativo.

Por medio de la apariencia, no se hace una idea de cómo es la otra persona, los demás se hacen a la idea sobre nosotros, se deducen rasgos de identidad, estados de ánimo, personalidad, posición económica, políticas, todo esto sin que se haya dicho palabra alguna.

Hay rasgos que se pueden adivinar de manera bastante acertada, especialmente por sexo, edad, nuestras deducciones se condicionan por las experiencias personas que se tengan incluso por los prejuicios.

Igual, toda la apariencia en lo que se basa socialmente se establece, por ejemplo. Si en España se ve a un hombre con un anillo dorado o plateado en los dedos anulares se deduce que es casado, si una mujer en los cincuenta con pelo blanco, natural es probable que tenga ideas concretas sobre la relación mujer envejecimiento. Si hay un bebé con zarcillos se piensa que es una niña, si hay dos hombres tomados de la mano se deduce que son pareja.

Lo que aparentamos cada uno de nosotros, los elementos en concreto son importantes en la apariencia, todos los elementos de la persona, lo que nos rodea interviene en la percepción que tengan de nosotros. Hagamos una lista rápida para que se vea lo que se tiene que ver en la apariencia:

- El atuendo: son las prendas de vestir, los accesorios, las gafas, joyas o el no tenerlas.
- Complexión: física, del cuerpo como del rostro.
- Del pelo y la piel: la barba, el bigote, el ir o no afeitado, el pelo y su color, el maquillaje o su ausencia, el estilo o sin él. Los tatuajes, bronceado, orejas, cicatrices, marcas…
- Los dispositivos electrónicos, los teléfonos, tabletas y los complementos, como fundas, auriculares.
- Coches, si se tiene, o la moto, la bicicleta, el estado en el que está.
- La oficina: cómo es este, la calle o el barrio donde está, los mueble que tiene, los elementos que hay, cómo es la mesa de trabajo.
- El hogar: el sitio donde se encuentra, los muebles, las fotos, el estado, la decoración…
- Las personas con las que se suele ir.
- Los animales de compañía.

Todos estos elementos que hablan de nosotros a los otros. lo natural es que los valore personales y las cualidades que se proyectan coincidan, pero no siempre es así, razón por la que la apariencia no se va bien estudiada y trabajarla si se intuye que esto puede ayudar en aspectos de la vida o se percibe que la imagen que tienen los demás y que tienen de nosotros no coincide ni nos gusta con lo que creemos nosotros

Las personas públicas, especialmente los políticos son los que cada vez tiran de asesorías, pero saben que son carne de televisión, fotos de prensa, videos de paseantes, a veces usan la imagen para hacer que parezca que usan elementos de apariencia como transmisores firmes de un mensaje específico.

Lo que la ropa dice de ti

La ropa, el estilo, el corte, el color, son elementos que comunican la personalidad que tenemos. Hay estudios que son desde el plano de la psicología y establecen que basta con cinco minutos para conseguir información por medio de la ropa.

Los zapatos, abrigos, colores de tejido, calidad, corte de ropa, todo indica varias cosas de ti y de la otra persona.

La ropa y moda tienen capacidad de convertirnos en personas diferentes. La ropa que se usa puede decir mucho de nosotros en el ámbito social y también en el laboral.

Dicen que nunca hay segundas oportunidades luego de una primera impresión, por lo que mejor es vestir acorde para las ocasiones, es que la forma de vestir dice más de lo que crees.

La ropa, el estilo, corte son elementos que comunican personalidad, desde la psicología se obtiene mucha información partiendo de distintos estudios.

La ropa, el estilo, corte, color, son elementos que comunican personalidad y desde la psicología se obtiene mucha información desde estudios hechos.

Solo hacen falta cinco minutos de observar la ropa para sacar muchas conclusiones de una persona. No solo para el observador preparado sino para amigos, citas… por ejemplo, los zapatos pueden dar pistas sobre la edad, el gusto políticos, las rasgos emocionales, de personalidad, importancia del color…

Importancia del color

Nos exponemos a la psicología del color cuando nacemos, las niñas van de rosa, los niños de azul. El color tiene poder para evocar. Desde la feminidad hasta la masculinidad, emociones, apetitos…

Los tonos más claros sugieren amabilidad, los tonos oscuros autoridad. Si se habla de productos tangibles, un estudio canadiense encontró que el 90% de las impresiones de los consumidores se basan en el color.

El rojo como tal se conoce como emociones fuertes, pasión intensidad. Estudios dicen que los hombres vestidos en espacios atléticos pueden inspirar agresión y competencia. Incluso en situaciones neutrales, los hombres que llevaban rojos eran tomados como enojados, agresivos, más que los de azul o gris. Un estudio hecho en 2009, encontró que el azul o el gris sugerí conocimiento, poder, integridad y seriedad. Más una sensación de creatividad y calma.

Las mujeres de rojo, por otra parte, se ven de otro modo, los hombres afirman verse más atraídos sexualmente por mujeres de rojo y lápiz de labios. De la misma manera en un estudio hecho por la Universidad de Rochester, encontró camareras que llevaban lápiz labial rojo, tenían más propinas que otras que no llevaban ese color.

Las mujeres ven de otro modo las vestidas de rojo, como amenaza, a lo mejor este color se ata a la atracción sexual y la provocación, la psicología de este color se basa para ambos sexos, en cuestiones biológicas.

Vestido para impresionar

Se ha revisado en estudios relacionados con impresiones. Que había unos que relacionaban la calidad con el corte de ropa no solo con el estatus, también con la inteligencia.

Además de optar por optar por ropa de marca para entender estatus económico solvente o elevado, las personas que tienen ropa a medida se consideran de éxito. uno de los casos más complicados es el que se refiere a la mujer y el trabajo, ámbitos donde resultan juzgadas al máximo por el atuendo. Un estudio que se hizo en la Universidad de Hertfordshire, asegura que la solución para la identidad profesional era traje y falda.

Es un estudio interesante donde encuentra que la ropa formal piensan de manera abstracta y experimenta sentimientos de poder, afirma la idea de que un traje confiere poder. Los pensadores abstractos pueden resolver problemas, evaluar, analizar teorías completas. Es así como se comprenden las relaciones entre ideas verbales y no verbales. Las personas sienten que aceptan desafíos, con control de emociones y de manera resolutiva.

Psicólogos en Harvard dejan claro que el traje se tiene que exprimir en el ámbito de las labores, optando por vaqueros fuera del trabajo, porque también usa traje en encuentros informales. Lo que se puede transmitir en opulencia y delirios de grandeza.

La ropa influye en los pensamientos y en el estado de ánimo. Hay un libro llamado Mind What You Wear: The Psychology of Fashion, Karen Pine, ella cita una investigación de Adam Galinski, que fue la primera en acuñar el término, encloted cognition, es un término que se refiere a las mejoras que se hacen en la agilidad mental, cuando el autor tiene un abrigo de color blanco. Este abrigo se relaciona con las capacidades de la mente, con las relacionadas con profesiones como medicina, donde los profesionales vestían de blanco, entonces en esencia los psicólogos se convierten en lo que se lleva.

La ropa aporta grandes dosis de confianza en uno mismo, lo que repercute en el ámbito laboral y social.

La primera impresión

De seguro te ha pasado que te presentan a una persona y al poco sin saber por qué tienes una valoración sobre ella. no necesitas ni sesenta segundos para tener esa impresión. La apariencia, los gestos, la voz, sus modales, esos detalles que forman la imagen y se catalogan de un modo u otro.

A lo mejor te sorprende, pero dicen los estudios que en general, las personas son buenas en esos análisis y perfilan las primeras impresiones. Sea como sea, normalmente se dispone de poco tiempo no solo para analizar a otros, sino para poder dar una buena impresión.

Dice Oscar Wilde que nunca hay una segunda oportunidad para causar una primera buena impresión.

Dicen los psicólogos que en ocasiones lo hacemos no en medio minuto, en poquísimos segundos. En apenas un suspiro se sabe que una persona es de nuestro agrado, si nos inspira o no. Es un aspecto que tiene que ver con la evolución de la especie. Un recurso que se adapta y es fácil de entender.

Si la persona que se tiene ante nosotros la jugamos, como peligrosa, amenazante, la primera reacción es escapar. Las personas necesitan evaluaciones inmediatos para tomar decisiones. De cierta manera los análisis al parecer son rápidos, tienen relación con la personalidad, los miedos y las necesidades. Es verdad que se tiene esta parte instintiva, casi irracional que indica al momento si algo no ofende o amenaza, pero pesa mucho en la experiencia.

A lo mejor una persona pulcra y bien vestida puede parecerte aséptica y superficial, puede que prefieras la imagen informal porque te da cercanía, te recuerda a otros, rasgos que tienen que ver con la personalidad, con el estilo, se puede decir que el cerebro se programa para llegar a una conclusión con poca información.

Cómo es que funciona

Hoy en día llegan cientos, miles de estímulos, no se tiene tiempo para procesarlos ni se desmenuza la información al milímetros. De modo inconsciente es la realidad, muchas decisiones se toman de modo rápido, de manera inconsciente, ahí donde se archivan los recuerdos, las sensaciones, experiencias, personalidad.

El cerebro trabaja la información, la clasifica en categorías, y partiendo de allí hace comparaciones rápidas. Siempre con ayuda de emociones. A lo mejor nos parece una persona que en el pasado nos dañó, o a una voz que nos suena agradable, es esa sonrisa sincera como la de nuestra madre o es tan falsa como la de la vecina de enfrente, la chismosa.

Se han llevado a cabo investigaciones interesantes sobre la primera impresión. En uno, unos jóvenes determinaron a primera vista cuál sería el nivel de calidad en relación con la otra persona, esto pone en la mesa que la primera impresión es un instrumento de regulación para relaciones interpersonales. A raíz de esto cada persona decide el esfuerzo que invierte en avanzar con otros.

El efecto de halo

Este efecto es un sesgo cognitivo común, tiene que ver con la influencia de las percepciones, se juzgan las cualidades de una persona partiendo de la primera impresión. Es un término lo acuña el psicólogo Edward L. Thorndike en 1920, al darse cuenta de que las personas sacaban conclusiones globales de grupos o etnias de personas sin conocerlas de manera individual.

Es un claro ejemplo el efecto de halo, puede conocer a una persona que no se puede ver atractiva, cuando ve a imagen se tiende a pensar que las acciones, opiniones y creencias son igual de positivas en el aspecto físico, esto es algo a considerar porque extiende el atributo físico a cualidades internas, se comete el error de crear expectativas falsas, con otros, y se puede caer en relaciones malas.

A veces las personas cometen errores, la primera impresión tiene un efecto directo, no se puede negar, no se puede determinar. No se sabe lo que hay tras la imagen, puede que no haya mejor aventura que describir tras la apariencia.

Quieras o no, hay situaciones donde es importante causar un primera impresión si quieres conseguir el trabajo que deseas o no echar por la borda la primera cita con la persona que has pasado tantas horas suspirando, mejor que te quedes a vivir este contenido.

Este es el tipo de situaciones que a lo mejor solo tienes una oportunidad para proyectar una buena impresión. Las personas tienen opiniones de otros en pocos segundos. Es por eso que tienes que preparar la mejor versión. No quiere decir que debes aparentar ser un alto ejecutivo cuando no lo eres, así, siendo tú mismo, la actitud, nervios pueden ser una mala pasada.

La ciencia demuestra que la primera impresión se logra en siete segundos, desde el momento en el que conoces a alguien. Por eso es que cuando conoces a personas, te escanean la sonrisa, la manera de saludar, la presentación, a medida que pasan los minutos se piensa si se es digno de confianza, si vales la pena, si quieren seguir conociendo o si quiere seguir trabajando contigo son muchos elementos que se ven en puntos críticos. Ahí se decide si te toman en cuenta o no.

Consejos para para dar una buena primera impresión

La gente olvida lo que has dicho, la gente olvida lo que has hecho, pero no olvidan cómo lo has hecho. Piensa unos segundos, formas una primera impresión de la gente que conoces, así que tienes que saber que en algún momento te habrás equivocado a los demás antes de tiempo.

Para evitar que esto pase, conoce estos consejos:

La puntualidad

Tienes que ser puntual, nadie aprecia que lleguen tarde los demás. menos si la entrevista es para un empleo. Tienes que ser consciente de esto y darte el tiempo para llegar a la hora, si no puede que no tengas más oportunidades.

Observa el lenguaje corporal

El lenguaje corporal habla solo sobre ti. Hay estudios que han demostrado que la importancia es cuatro veces más en la imagen que en lo que pueda decir. Mirar a la persona a los ojos mientras hablas o darle la manera con firmeza, es importante para la primera impresión.

Sonríe

A pesar de que la sonrisa tiene que ver con el lenguaje no verbal, separarla del apartado anterior es clave para poderlo recordar. No hace falta que se muestren los dientes, pero no hay nada que cree una mejor impresión que la sonrisa. Intenta no pasar de la sonrisa a la seriedad rápidamente, pues va a parecer forzado. La idea es que sea natural.

Te tienes que relajar

La postura es clave para mostrar un lenguaje corporal, pero no debes parecer un robot cuando lo controles. Te tienes que sentar recto, pero no seas rígido que se note que fuerzas la situación. Te relajas y no te pones nervioso, tienes que disfrutar del ahora.

Sé tú mismo

No puedes ser una persona que no eres, es posible que se note. Tienes que ser tú mismo, esto suena como algo que no es verdad. Intenta no mentir, porque si lo hacen se marcará el lenguaje de que mientes.

Sé positivo

La actitud muestra lo que haces, proyecta una actitud positiva, incluso cuando estás nervioso o te critican. Si tienes una entrevista o quedas con esa personas tienes que pensar que si por una razón la situación no sale como deseabas. Será un gran aprendizaje.

Confía en ti mismo

Este es un punto que reúne, si confías en ti mismo, el lenguaje corporal que proyecta. Sonríes más, das la mano con firmeza, te relajas... consecuentemente no solo es cuestión de mostrarse relajado de manera forzada, sino que te tienes que valorar, si no es así, puede que tengas éxito en el primer encuentro, pero poco a poco la falta de confianza te ganará.

Sé abierto y humilde

La humildad es de los valores que más se aprecian, intenta no ser arrogante y verte abierto a los otros, eso genera confianza y un buen Rapport. Un ego que genera rechazo, así que, si quieres caer bien, te tienes que mostrar como persona respetuosa y humilde.

Destaca tus características

Tenemos algo único para mostrar, puedes ser experto en una rama del conocimiento, que genere curiosidad en los otros, que tengas mucho sentido del humor. Si no sabes qué es lo que puedes ofrecer, mejor que tengas un autoconocimiento ya mismo, bien, no es lo mismo seducir a una chica o a un chico que seducir a alguien que entrevista en un puesto de trabajo. Así que puedes tener en cuenta esto en el momento.

Sé empático

Para que conectes con otros, tienes que ser empático, esto quiere decir que, si ves la situación desde un punto de vista de los otros, estarás más cerca de saber cómo actuar y dejar una buena impresión.

Bonus: Vístete según la situación

Tienes que intentar ser tú mismo siempre que puedas. Hay muchas ocasiones donde tengas que mostrar una imagen determinada, si aspiras un puesto en una multinacional y usar un look serio. En este caso tienes que identificar necesidades de las situaciones y si quieres esto, te vistes correctamente.

Funciones de la ropa

Es de las creaciones más útiles en el ser humano, desde casi cuando comenzaron los humanos. La vestimenta reviste de importancia la calidad de vida de cualquier persona. Es una descripción y presentación de quienes somos ante los demás. transmite tradiciones, preferencias, gustos, como manifiesta posturas sociales o políticas. Genera también escenarios se conflictos, especialmente cuando hay igualdad entre hombres y mujeres, en el sentido de formar estereotipos y en aspectos religiosos, de falta de tolerancia y de discriminación.

La vestimenta no solo permite que se cubra el cuerpo, para que el frío no afecte o par el plano estético que reporta placer, especialmente cuando se habla de la moda y del parecido físico. Es un lenguaje que habla, que transmite mensajes.

Es de los elementos que diferencia a los humanos de los otros animales y se caracteriza por brindar muchos beneficios como ya se ha anticipado. Cuando se haba de la vestimenta, se tiene que decir que el valor gira alrededor de la función utilitaria, en aquella que tiene que ver con proteger el cuerpo.

El ser humano desde que comienza la existencia se tiene que contar con prendas que permita defender el cuerpo del clima duro e inhóspito. Así como también enfermedades. La vestimenta de los primeros hombres era primitiva, simple, hecha en base a elementos animales que haya, el hombre de la antigüedad puso desarrollar prensas excelsas que muchos envidiarían hoy.

La función de eso es que los seres humanos le dan vestimenta para cubrir el cuerpo y protegerlo de los problemas del clima, especialmente cuando la vida se desarrolla en el exterior, lentamente, dando paso a funciones que fueron apareciendo cuando la sociedad se hizo compleja y las aldeas humanas.

Es así que la vestimenta o prendas que antes solo nos cubrían, poco a poco se convirtieron en elementos para diferenciar las sociedades y para mostrar la pertenencia a una comunidad. El vestir de cierta manera es un elemento de estatus social, puede indicar que la persona es de esta o aquella cultura. Dice que el que la lleva dispone de recursos para acceder a una prenda cara.

Allí surge la importancia de ropa que se vincula con la creación de la identidad, por ejemplo, como pasa con trajes tradicionales típicos en localidades que usan para fiestas, pero también para situaciones socio-económicas, religiosas, laborales que pueden marcar la indumentaria.

Desde las tempranas formas de organización social, la vestimenta tiene importancia para marcar riqueza o pobreza, es así como el oficio o la labor, estado civil, edad y genero tienen su papel.

Una de las grandes funciones que tiene la vestimenta es la que tiene que ver con lo estético, esto es así porque aparece el concepto de la moda. Según esto, la indumentaria no es tan importante como protección o diferenciación social, sino como una obra de arte en sí misma, donde los diseñadores y artistas se unen para darle forma, hay un público consumidor que quiere adquirirla porque la ubica dentro de lo que viste de acuerdo con la moda y tendencias. Esto reporta reconocimiento y valor positivo en algunos contextos.

La vestimenta se entiende como un modo donde hay un gran negocio mundial con millones y millones de dólares. Que representa una importante movilización, con casas, indumentarias, eventos...

El negocio de la moda impone mucho en lo que vestimos, es difícil huir del mandato de las marcas grandes y seguir la moda implica vestir bien. que lo que nos pongamos siente bien.

Saber vestir implica disposición de un grado de conocimiento alto, de sentido común personal, saber lo que queda bien, lo que no. Es más cómodo de usar según la ocasión que se ponga en marcha.

Si se debe asistir a una actividad en el campo no se puede ir vestido de fiesta, si se tiene un compromiso relacionado con religión no se puede ir con un atuendo que provoque. En ambos casos desentona con el protocolo, de vestimentas que se recomiendan en estos casos, algo sencillo, cómodo, recatado.

A la hora de vestir se tiene que prestar atención, considerar prendas que encajen con el clima que existe donde estamos, las actividades que se dan y también es clave saber lo que queda bien y nos favorece. La moda cautiva y sabe marcar el salto cualitativo, si no se atiende los factores mencionados, no estamos sabiendo cómo vestir.

LA COMUNICACIÓN EN EL VESTIR

La primera impresión o el primer concepto que tiene una persona desconocida va a tener sobre nosotros y dependerá de la apariencia física y de la manera de vestir. La forma en la que nos vestimos transmite información, allí nace la importancia de vestirse de un modo correcto según circunstancias. Por ejemplo, cuando una persona va a una entrevista de trabajo, por lo general lleva ropa adecuada para ella. irá con la ropa acorde al puesto que aspire. Tendrá una forma de vestir, es distinta si aplica para una discoteca o para la gerencia de una multinacional.

La forma de vestir refleja parte de la personalidad de cada uno, puede apreciarse el buen gusto, la estridencia, la elegancia y la provocación. Refleja a la persona que es más clásica o se deja guiar por la moda, si es más agresiva o más pacifica, encuentra diferencias de acuerdo a la edad.

La ropa lleva una búsqueda de identidad o diferenciación con los otros, por eso adquiere importancia para algunos que hallan en ella identidad personal y la pertenencia a un grupo. Los góticos se caracterizan por una zona peculiar de vestir de negro y algo rojo o los raperos con ropas anchas, zapatillas y gorra.

La ropa también supone un estatus social, se sobrevalora la ropa de firmas importantes y se considera como elemento de saber vestir, el tener ropa de marca o la consideran como ostentación o símbolo de riqueza. Otros consideran que no vale la pena pagar por una prenda de vestir por ser de marca cuando muchas veces la calidad no es muy diferente.

A algunos les gusta combinar ropa cara con otra más barata, piensan que le dan un toque original, se sienten a gusto con estas satisfacciones.

No hay maneras correctas de vestir, lo importante es que esté acorde con la forma de pensar y nos haga sentir cómodos con nosotros. No podemos preocuparnos con lo que los demás opinen sobre la manera de vestir. Siempre que sea acorde a las circunstancias.

De acuerdo a la ocasión vamos vestidos de uno o de otro modo, siempre de manera apropiada, no nos vestimos de igual manera si vamos a un concierto de música o si vamos a trabajar en bancos. Cada situación requiere un modo de vestir y saber vestirse correctamente en base a la personalidad, es clave para sentirnos cómodos y seguros

La función básica de la ropa consiste en que nos protejamos de la temperatura ambiente y las situaciones climatológicas extremas como en el caso de los tuareg del desierto que visten oscuro y se tapan hasta la cabeza para impedir penetración de rayos solares, porque el color oscuro repele los rayos del sol, la ropa los protege en el día de las elevadas temperaturas del desierto y durante la noche de bajas temperaturas.

En el caso de los esquimales, quienes por el fío del Ártico se visten con pieles de oso o de focas, en estos casos la ropa tiene el fin de protegerlos.

Pero la sociedad tiene otras funciones, por medio de ella se intenta resaltar la figura, nos sentimos más guapos, atractivo, elegantes. Cumplen con una función estética, satisface vestirse y hace que nos sintamos más seguros, atractivos.

La ropa la usamos para intentar seducir un escote enorme, una vestimenta ceñida o una falda roja, que puede llevar a conseguir un objetivo de seducción. Hay prensas de vestir con fines eróticos.

Hay un lenguaje de ropa amplio. Hay vestimentas con significado, un traje de gala, de boda, la vestimenta de frailes o profesiones que llevan una vestimenta específica como los militares.

El modo de vestir en la vida pública

La vestimenta tiene una gran importancia, es especial para los personajes públicos, al extremo de que algunas personas pagan asesores para mejorar la imagen, como en el caso de políticos, ejecutivos, presentadores de televisión, los asesores ofrecen ponerse en cada momento, especialmente con lo que se quiere decir con la forma de vestir.

Los políticos guardan los trajes y las chaquetas y van con trajes deportivos para dar una buena imagen. En el caso de personajes públicos, los políticos, por ejemplo, usan prendas para expresar personalidad, para proyectar imagen para esos electores que quieren seducir.

Impacta con la vestimenta

La manera en la que uses la imagen determina cómo te van a recibir los que influyen en el nivel de éxito. cuando se contacta con alguna persona, es un proceso que comienza cuando te encuentras con otra persona. Si causas una impresión positiva, el encuentra da con la confianza y tiene potencial para desarrollarse. Entre más atención se preste a la imagen. Menos se necesita a la gente que eres confiable.

El ropero y el aspecto puede ser parte del plan de negocios estratégico. Es clave conocer las tendencias de ropa, peinados, accesorios y anteojos. Si el aspecto o la actitud reflejan otra era, las demás dudan sobre el conocimiento de los temas del momento, actualiza regularmente los factores de imagen, pero no seas esclavo de la moda o acojas a ciegas estilos que no van más allá de lo que te sea cómodo. Si no estás cómo con el aspecto, no te vas a ver sincero ni confiado.

En la tendencia de ahora, de vestirse menos formal, se tiene que buscar un equilibrio entre la etiqueta y la vestimenta informal que se deja para los fines de semana. Aprende a ponerte sin decaer. Actividades que pueden necesitar llevar traje oscuro, reemplazar la camisa o usar una blanca o de color. Diseño o textura que haga que parezcas más informal. Puedes llevar un saco o un blazer deportivo para que te veas profesional. Diseños con camisas, pantalones y corbatas a kilómetros de distancia, con remeras y pantalones de jean.

El tener un blazer para usar en la ropa más formal por si encuentras a una persona en algo informal. A medida que aumenta la temporada llega la época de remeras, playeras o camisetas, las usas con zapatos y pantalones formales en vez de informales y zapatillas.

La cantidad de prensas que se usan por vez, la combinación de colores, diseños y texturas y el estilo de las prendas varían y afectan la formalidad que se percibe en la ropa.

Los tonos oscuros proyectan una imagen de poder, autoridad, especialmente prendas de alto contraste, asimismo cambiar colores oscuros a medios como gris o tostado dan un aspecto más accesible. Combinar un saco de un color con pantalones o falda de otro hará que sea menos formal que un traje conjunto.

Entre más suave y lisa la tela más formal la vestimenta. Las telas de punto son menos formales que las tejidas, las telas de lana peinada y la seda son consideradas de mejor calidad, por tanto, más formales que muchos algodones linos y mezclas sintéticas.

Un traje a la medida con solapa es más formal que una blusa o camisa sin cuello. La vestimenta hecha a medida tendrá más influencia que la menos estructurada.

Las mujeres tienen que usar ropa que cause menos impacto que un traje, a menos que este sea de vestido o que este se lleve con saco formal. La ropa elegante o formal es apropiada para trabajar, así como un traje formal no es adecuado para una reunión informal.

Cuando descifras el tipo de evento y lo eliges estratégicamente, puedes considerar los toques finales de influyen en la calidad del aspecto. La ropa tiene que verse impecable, especialmente en la zona del cuello, en las solapas del saco. Se tiene que ver limpio, arreglado.

Los zapatos, los demás tienen que deducir la situación económica, la atención que se presta a los detalles, se tiene que evitar los zapatos no lustrados, la parte de atrás de los tacos es lo último que la gente ve cuando te vas.

Intenta comprar accesorios de calidad, un maletín, cartera o billetera de cuero se ve mejor. El cinturón desgastado desmerece un traje o pantalón nuevo, es clave un buen lapicero, de calidad, especialmente si escribirás a alguien.

Si llegas al destino para iniciar la tarea, te detienes ante la puerta para acomodarte la ropa. Eliges las prendas con mucho esmero para crear imágenes profesionales, con el reflejo de vidrio, discretamente se controla el peinado y se mira por última vez, se prepara lo que se va a decir y está listo para entrar.

La velocidad y la confianza en el andar evidencia conciencia y control propio, cuando se entra a un sitio no se puede parar sumiso en la puerta, se tienen que dar pasos seguros, pararse firme, con equilibrio, mientras analizas a las personas alrededor. Te acercas a una persona que esté sola o a un grupo de más de dos. Sonríes y te presentas, extiendes la mano para saludar y estrechar dos o tres veces la de otros con firmeza y la sueltas luego.

A las personas le gusta relacionarse con quienes lo ven con éxito, pero la imagen va más allá de los contextos sociales o profesionales. Implica estrategias clave que una vez que se aprenden tienen utilidad profesional, social. Se quiere oportunidad para poder hacer relaciones profesionales. Tienes que asegurarte de que esto funcione.

EL TONO DE VOZ COMO DELATOR

*E*l tono de voz es uno de los elementos que tiene más influencia en la comunicación de los que existen. En este tono hay una serie de parámetros sonoros que le dan sentido, de manera consciente e inconsciente, al mensaje que transmite. Algunos como intensidad de sonido, timbre, velocidad de dicción, claridad, proyección...

Algunas personas dicen la misma frase. Sin embargo, el tono que se emplea cada una hace una información psicológica distinta. Es entonces cuando se da que las palabras, hay un contenido verbal y no verbal, la esfera no verbal o se controla y por eso es auténtica.

El 60% de la comunicación humana no es verbal, el lenguaje del cuerpo es 30% con el tono de la voz. esto quiere decir que el 90% de lo que se dice no está en la boca.

Se puede saber mucho del estado de la persona, examinando el tono de voz, incluso cuando una persona habla en otro idioma que no se conoce, somos capaces de perfilar algo de la forma de ser y de sentir solo escuchando cómo habla. Enseguida hay unas ideas para que se interprete lo que nos dice el tono de voz de una persona.

El tono de voz y la percepción

El Laboratorio de Análisis Instrumental de la Comunicación, sobre el imaginario y la comunicación, de la Universidad Autónoma de Barcelona, hizo un estudio sobre percepción y voz. las conclusiones que sacaron son muy valiosas:

- El tono de voz grave sugiere madurez y genera confianza en los otros. es el que más se usa en anuncios publicitario.
- Cuando el tono de voz es muy grave, remite a sensaciones sombrías.
- Una buena voz nos hace pensar en que el que habla es alguien distinguido e importante.
- Hablar en un bajo tono sugiere que la persona genera muchas habilidades o que es torpe.
- Los que emplean un tono agudo y transmiten poca credibilidad.

La voz es un patrón personal, que se usa actualmente para verificar la identidad y dar paso a sistemas informáticos sirve también como evidencia en un juicio. La confiabilidad es grande o más como una huella dactilar.

Hay psicólogos que se toman el trabajo para identificar los significados ocultos en el manejo de la voz. el resultado es todo un catálogo de interpretaciones para esas sutilezas, las que muchas pasan inadvertidas para muchos de nosotros.

Respiración

El modo en el que respira mientras se habla da una idea del ritmo el cual se vive:

- Tranquila: habla con equilibrio.
- Profunda y constante: tiene dinamismo y energía.
- Profunda, fuerte y constante, ira reprimida.
- Superficial, con falta de realismo

- Rápida y corta, con angustia y ansiedad

Volumen

Se define de forma general como actúa una persona consigo misma y con los otros:

- Normal: autocontrol y capacidad para escuchar.
- Alto: egoísmo, debilidad y poca paciencia.
- Bajo: represión e inexperiencia.

Articulación o vocalización

La vocalización tiene que ver con la capacidad de comprensión y el interés por comprenderlo.

- Bien definida: se abre la comunicación y claridad mental.
- Imprecisa: confusión mental o engaño.
- Marcada: tensión o narcisismo.
- Trabas: con represión o agresividad.

Velocidad

Habla de los tiempo emocionales donde está inmerso al hablante:

- Lento: desconectar con el mundo, poco interés.
- Rápido: deseo de ocultar información y tensión.
- Regular: falta de naturalidad, represión y contención.
- Irregular: ansiedad, rompimiento de la comunicación, ansiedad.

La voz y las relaciones interpersonales

En el tono de voz se imprime un sello al modo en el que una persona emplea para comunicarse con el mundo. aunque la persona no es experta en el tema, de manera inconsciente recibe una serie de mensaje por medio de la voz de otro. Los mensajes le dan forma que tiene sobre los otros.

El tono de la voz comunica el modo en el que quiere tener con alguien. Cuando es cortante y frío, pone distancias, i es algo cálido y susurrante invita a que se acerque. Por el tono de la voz se define el tono del vínculo.

Hay que aclarar que el tono de la voz de una persona no siempre es igual. Pero si hay elementos que están presentes. Son precisamente los patrones constantes los que nos dan la clave sobre la personalidad de una persona o el estado de ánimo. Un buen ejercicio de autoconocimiento es el de grabarnos en distintas situaciones y luego escuchar notas escondidas en el tono de la voz. es una herramienta comunicativa y de interrelación. Es un instrumento que vale la pena aprender a manejar.

Con el que hables es el tono en el que usas

No es una novedad que no nos comportemos de la misma manera con los amigos, los padres, del mismo modo que tampoco en trabajos o en un bar. Sabemos modular perfectamente el comportamiento y esto atañe a toda clase de conductas, incluso el tono de voz.

Hay evidencias de que la voz de una persona varía según con el que se hable. Dado que se sabe que el tono de voz es una forma de comunicación no verbal, en los estudios se aborda la forma en la que varía el tono de voz acorde a si se percibe el interlocutor como una persona que domina, prestigiosa o neutro.

Los participantes tienen 24 hombres y 24 mujeres, con edad media de veinte años. se les dijo que llevarían una entrevista de trabajo simulada que no exigía presencia física del que entrevista. En eso se les veía una de las tres fotos, dominante, neutro o de prestigio, fueron valoradas por otros participantes en un estudio previo de las categorías. Claro los participantes veían la foto con una ficha falsa con un nombre, testimonio y empleo de los trabajadores, peo en los casos hablaba con los experimentadores, lo que quiere decir que los cambios se hallaban en el registro de voz que debía a la información y facilitaba el supuesto entrevistador.

Los resultados mostraron que los participantes cambiaban el tono de voz, en respuesta al supuesto estatus social de la persona, esto sucedía incluso cuando ellos se consideraban de gran estatus. Pero, los que tenían un gran prestigio mantuvieron el tono independientemente del entrevistador al que se le asignara. Los investigadores hicieron hipótesis que era un modo de calma que estaba bajo control.

Ahora, sobre el dominio, una situación como en una entrevista laboral, implica un dominio del que entrevista sobre el entrevistado. Así que tiene sentido que se use un tono más agudo como señal de sumisión y no suponer amenazas, es por eso que se encuentran que las personas que describen cuestionarios previos bajo domino que usaban el tono al hablar. Pero, para las personas que se tildaban a sí mismas al hablar no solo no lo hacían con voz más aguda, sino con un tono más grabe.

Los resultados son prometedores, pero sería bueno que se repliquen con una muestra amplia y con un rango de edad menos específico, porque en muchos casos puede tratarse de la primera entrevista laboral y mostrarse intimidado, más de lo normal. No es prueba de cómo se altera el tono de voz y delata cómo de dominante se percibe el interlocutor o el estatus que se considera tener.

CÓMO ANALIZAR A UNA PERSONA
POR SU LETRA (GRAFOLOGÍA)

*L*a grafología es una ciencia con una técnica de psicología, que nos permite hacer un retrato profundo de las personas, analizando y estudiando la forma de escribir. Con una conexión a la hora de escribir, con los centros nerviosos superiores, cortical y subcortical. El grafismo más comúnmente se usa en el estudio grafológico con la letra, aunque usan la firma y la rúbrica, números, dibujos, garabatos.

Como dije es una pseudociencia que pretende describir la personalidad de una persona y determinar las características del carácter, sobre el equilibrio mental e incluso fisiológico, la naturaleza de las emociones, la inteligencia y las aptitudes profesionales por medio de un escamen de la escritura. Además, hay grafólogos que sirve para diagnosticar la salud, la enfermedad mental o física.

Los defensores se apoyan en indicios anecdóticos, muchos estudios empíricos hechos no se han podido confirmar bien. es por eso que por lo general se considera una pseudociencia. No se tiene que confundir la grafología con la caligrafía forense usada en criminalística con la meta de comparar escritos y determinar si un documento se ha firmado por la persona que se supone que hizo, la utilidad también sirve en testamentos hológrafos o notas de suicidio.

En las técnicas se usa el análisis de tinta, papel o máquina de escribir. La caligrafía forense se acepta judicialmente para la pericia de identificación de personas.

La palabra parte de la raíz griega grafos, que es escritura y el vocablo griego logos, que es discurso. Como por ejemplo las palabras: psicólogo, antropólogo, geólogo y biólogo. También hay palabras que tienen la misma raíz, como psicografología, grafometría, grafoanálisis, grafista y grafotecnología.

La grafología se basa en afirmaciones elementales:

Cuando escribimos el ego se activa, pero no siempre es así, la actividad aumenta o se reduce, puede estar en el nivel más alto, cuando se necesita un esfuerzo por parte del escritor y en caso de disminución de nivel cuando la acción de escribir es parte de una costumbre.

Origen de la grafología

Vamos a ir por partes, comienza así:

Edad moderna

Aquí está Huarte de San Juan, (1529-1588), médico, filosofo de España. Tiene una obra Examen de ingenios para ciencias, se menciona la diferencia de habilidades en los hombres y el género de letras que a cada uno le corresponde. Es una gran obra precursora de la psicología diferencial, orientación profesional, eugenesia. Es interesante la aportación de este en la pedagogía, neurología, patología, antropología y sociología.

El filósofo Próspero Aldorisius publica en 1611 la obra Idengraphicus Nuntius, donde explica cómo analizar una grafía. En esta obra expone una serie de axiomas que tienen que ver con la idengrafía, término con el que se acuña la disciplina. En 1625 se publica la obra de Camillo Baldi, Trattato, Come Da Una Lettera Missiva, Si Conoscano La

Natura, e qualità dello Scrittore, que es considerado el primer tratado grafológico de gran importancia, que ha sido detenidamente estudiado por el especialista Robert Backman.

Siglo XIX y XX

En el siglo XIX destacan los estudios del Abate Flandrin y del discípulo Jean Hippolyte Michon. Luego de años de investigación, Michon pone las primeras normas y publica un libro llamado Sistème de grafologie en 1871. Es por eso que se le considera el padre de la grafología moderna.

Casi cuando comienza el siglo XX Crepieux Jamin, la sistematiza y perfecciona. Este publica el ABC de la Grafología en 1930, donde hace una lista de especies gráficas y cada uno hace una descripción, muestra la relación con la personalidad y la hace ejemplo con escritos de personas, como Rousseau, Montesquieu y Beethoven.

La escritura se considera como un todo, por lo que no se pueden interpretar características del grafismo de modo aislado, sin atender al conjunto.

Toma las variables gráficas, y se interpretan las interrelaciones entre sí, coloca el concepto de armonía relativo al equilibrio de los rasgos gráficos en géneros, modos y especies con modos y establece leyes y principios que en gran medida son usados por los grafólogos de hoy. Hay títulos como el Tratado Práctico de Grafología y la Escritura y el Carácter.

La escuela alemana

Aquí lo protagoniza Rudolf Pophal, nacido en 1893 y muere en 1966. Médico especializado en neurología. El deseo de dar a la grafología una base científica lo lleva a la búsqueda de localizaciones cerebrales del movimiento gráfico e hipótesis sobre estructura cerebrales que descubren posteriores y se ha descartado. En cualquier caso, los estudios y las conclusiones son valiosas. El aporte básico son los grados de tensión y dureza, que abarcan las posibilidades I, II, III, IVa, IVb y V, entendiendo que el III es el más tiene equilibrio, une firmeza de presión y control de movimiento. Los grados de tensión que se clasifican según el grado de la tensión, se interpreta, ofrece información rica sobre la actitud vital del que escribe. Defiende que la fisiología del movimiento enseña que la acción de la energía limita la rapidez de los movimientos por eso entiende que las formas de tensión, rigidez y presión. Reducen la extensión de los movimientos, con una débil tensión estimula la motricidad gráfica, la tensión media la acelera, la reduce, el grado máximo la perturba o inhibe. Por otra parte, la presión es el apoyo o la fuerza que ejerce en la superficie gráfica, frena la velocidad, una tensión y rapidez mediana constituye la condición motriz óptima.

Ahora pasamos a Robert Heiss, desde 1903 a 1971. Afirma que todo método que pretenda ser científico aclara esencialmente dos cosas: el estudiar y el principio operativo del que se vale. Ve la escritura desde tres aspectos, el movimiento que usa el espacio para lograr finalmente la forma que se presenta desde el comienzo del proyecto. Los tres están enlazados estrechamente, la escritura no es un mosaico de rasgos sino un conjunto dinámico donde cada detalle está en el conjunto.

Con tres etapas para el estudio de los escritos, con una mirada, disponible con el conjunto que nos hace percibir la fuerza o debilidad del grafismo, la pobreza o riqueza, la totalidad de la personalidad. Luego, ver la escritura desde los tres ángulos luego de la interdependencia entre ellos.

Wilhelm Müller y Alice Enskat. Tienen una obra de grafología diagnóstica, cumple con dos funciones, la de recoger lo esencial de métodos de Klages Crépieux-Jamin, Pophal, Heiss, Pulver, etc., con comentarios y críticas personales, de forma clara y completa. Por otro lado, expone el sistema haciéndolo por ellos mismos. El enfoque de la escritura comprende la clasificación de las variables, las analíticas valoradas en las posibles del conjunto: relación forma/movimiento, grados de tensión, ritmo, grado de originalidad y homogeneidad.

La interpretación de las variables globales es la llave del sistema de Müller y Enskat y la parte del trabajo que ubica la mejor de las concepciones de la escritura y grafología.

Siglo XXI

El uso de la grafología es hoy en día, según un estudio de 2004, hecho en España por el Instituto de Ciencias del Grafismo, se da en los espacios de recursos humanos, donde según este estudio, un 90% de los gabinetes, analizan la letra de los entrevistados, siendo más el grado de uso de la grafología cuando más alta es la responsabilidad de puesto en el trabajo.

Max Pulver nacido en 1889 y muerto en 1952, es autor de tres libros sobre el tema, desarrolla el simbolismo del espacio aplicado a la escritura, se denomina como los campos gráficos y vectores gráficos. Se denominan campo gráfico al espacio físico sobre el que se puede escribir, puede ser un cuaderno de páginas rayadas o con cuadrículas en una hoja de papel, sin renglones marcados o una lis, un pizarrón y hasta un mantel, servilleta. Si se establece el centro del campo gráfico y luego se divide con dos líneas imaginarias que se cruzan, se obtiene cuatro partes iguales, con la representación simbólica de lo que se llaman vectores gráficos. El punto central o la intersección de los vectores es representación de lo emocional. El plano de la sensibilidad, el amor, justicia o sentimiento y sensibilidad aplicada a la vida.

- El vector se ubica a la izquierda, indica percepción, es representación de la figura materna, regresar al vientre materno, temor, inhibición, timidez, represión, egocentrismo, egoísmo, contemplar el pasado.
- El vector se ubica a la derecha que indica intuición, representación de la figura paterna, proyección del porvenir, extraversión, creación, audacia, proyección, visión de futuro y coraje.
- El vector se ubica para arriba, indicando pensamiento,

conciencia, misticismo, espiritualidad, utopía, religión, idealismo, exaltación y ambición de poder.

- El que se ubica para abajo indica sentimiento, necesidades sexuales, excitación, goces, el inconsciente, tendencias y deseos de material, motricidad, trabajos del cuerpo con movimientos físicos.

De la misma forma se puede dividir y medir el campo gráfico lo puede hacer con letras, las cruzan con los vectores y lo ve de esa manera con una parte de la persona que se analiza. Hay una tendencia, por ejemplo, se puede decir si la persona, es un soñador, mítico, si predomina la zona superior, si es más materialista, concreto, si predomina la parte inferior, si le interesa mucho la opinión de lo que dice la familia, tiene timidez o al contrario es más extrovertido. Mira al futuro o vive aquí y ahora, solo centrado en sí mismo. Esto se dice cuando se analiza la letra.

La grafología ha buscado ser usada como un método para descubrir la personalidad de alguien, luego de los rasgos en la manera de escribir. Mucho de lo que la grafología puede aportar la descripción del individuo se basa en la dirección que el mismo le da a la escritura. Investigaciones del tema entran en controversia con el tema que muchos aseguran que es un método efectivo que permite deducir el carácter de las emociones de la persona.

Aunque los pros y contras para este método en la descripción de características del equilibrio mental y psicológico, con las compañías que llegan a usarlo como método para seleccionar personal humano, lo que no está libre de polémicas.

Algo que la grafología tiene es el apoyo a la comunidad científica antes de mediados del siglo XX, los estudios más recientes dan como resultado la capacidad de la grafología de describir la personalidad o predecir el rendimiento en las labores. Por eso, se engloba generalmente en la categoría de pseudociencias.

Las críticas

La verdad es que la escritura de cada persona escribe de manera característica y estable. Es más, no es difícil reconocer la letra de una persona conocida con una escritura con una persona conocida cuya escritura se ha visto antes, teniendo la firma de una persona de valor legal. Aunque no se proponga, es difícil cambiar algunas características de la escritura. Sin embargo, aunque esos hechos no tienen demostración de la afirmación que hay con la correlación estable y constante entre los rasgos de la escritura de una persona con los rasgos de personalidad.

Los críticos que usan la grafología argumentan que la falta de evidencia empírica, es una forma suficiente para no mostrar validez fáctica con la grafología. Entre las críticas concretas se puede mencionar:

- No sigue los postulados del método científico. La evidencia en la que se basa es exigua, poco sólida, informal y totalmente desproporcionada en relación con el pretendido alcance de las conclusiones. Los resultados son difíciles de falsar, incluso imposibles, en el sentido popperiano. Al estudiar la visión de la ciencia real sobre la cuestionada disciplina, demuestra que entre más compleja y exhaustiva es la revisión por pares de la que han sido objeto, entre más elevada sea la reputación del medio publicante, entre más sólida es la formación y los antecedentes de autores y revisores intervinientes, entre más categórico es el rechazo a los elementos que se basan en la grafología.
- Es susceptible al Efecto Barnum, donde supone una dificultad en los métodos que buscan determinar la personalidad. Sobre las deficiencias de base en los estudios y estos pueden perder la capacidad que pretenden garantizar.
- El doble ciego. Muchos estudios estadísticos de los grafólogos no son Doble ciego, es una crítica que se relaciona con la crítica que está en el Efecto Barnum. Los

estudios que son doble ciego, demuestran problemas en la grafología.

- Dependencia del tamaño de la muestra. El grado de validez es inmensamente dependiente del tamaño de la muestra, las probabilidades de error en el diagnóstico se dan en relación inversa a los individuos en el grupo que revelan. Este particular enumera y describe errores en el diseño experimental, la metodología y determinación de premisas cometidos por los grafólogos que basan la investigación.

- El empleo de principios de pensamiento alegórico. La forma de falsa casualidad establece, que un extenso espacio entre dos letras, muestra un carácter retraído y que aísla. Una mujer que escribe el apellido de soltera con la letra ligeramente mayor, que el de casada se deduce que es infiel al marido. Alguien que escribe las letras grandes tiene que pensar en grande. Quien varía el tamaño de la letra en mitad del párrafo tiene una personalidad impredecible. Las relaciones de causalidad no son exclusivas en la grafología, sino que caracterizan a una buena parte del os métodos de determinación de la personalidad.

- Falta total de estandarización. Es común que cada persona forme el esquema analítico. Mientras que otros son de uso común, hay disputas marcadas en el supuesto significado de la mayoría de los signos. Con un determinado rasgo interpretado por un analista como revelador con un comportamiento sádico es por el contrario visto por otro grafólogo como propio de una persona bromista.

- La vaguedad del diagnóstico, es uno de los puntos más débiles de la corriente, es la facilidad con la que el grafólogo puede alterar reglas de inferencia a fin de llevas el diagnóstico que considera probable de coincidir con la realidad que se espera. También, interpreta un determinado signo como positivo o negativo, dependiendo del estatus de la persona.

- La carencia de un cuerpo de datos de buen volumen que permita que se aseguren las aseveraciones de causalidad entre la ocurrencia de los signos y las manifestaciones en la psiquis. Por eso la evolución histórica fragmentaria, a la nulidad metodológica y a la resistencia a desarrollar con la sistematización propia de las ciencias reales. La grafología ha renunciado a acumular un volumen de información empírica que permite insinuar las relaciones de causa y efecto que puedan existir.

- Hay cientos de estudios científicos han demostrado la inexistencia de asociación alguna de personalidad de una persona y los rasgos de escrituras. Se sugiere que cualquier capacidad de la grafología para adivinar el carácter en la información de género y posición social naturalmente implícitas en la forma y el trazado de letras.

- En 17 estudios donde se habla de la grafología a niveles empresariales, se ha demostrado inutilidad en la técnica para predecir el rendimiento laboral del os candidatos.

- En la investigación no encontraron evidencias de validez en la grafología para predecir el éxito en vendedores.

La sociedad de psicólogos industriales de Holanda consideró 2250 estudios grafológicos y sacó la conclusión de que es un método cuestionable y con mínima probabilidad de valor práctico.

En su defensa, argumentan que la escritura es un modo de personalidad y no algo arbitrario sin significado. Entre los que practican la grafología es común que se apoye en evidencia anecdótica, en la que ve con concordancia entre el diagnóstico y lo visto por uno mismo. Pero, la evidencia no sirve para comprobar la validez científica de la técnica, con todo la grafología ha sido objeto de no pocas investigaciones, con tratamiento estadístico.

Cómo se pone en práctica

Para poder explicar cómo es que funciona la escritura, siempre hay que tener claro que la grafología es como armar un rompecabezas. Si ves una pieza, seguramente no sepas nada acerca de ella, también puede que reconozcas algo en esa pieza, que conecte la pieza con las cuatro que correspondan que puede apreciar algo familiar, seguramente con poco aplomo, pero a medida que vas conectando piezas con la percepción del asunto que se ajusta a la realidad. Puede que te fijes en una pieza que sea característica, por ejemplo, el ojo de tigre que se plasma en el rompecabezas, entonces sabes el significado de la pieza y donde se encuentra ubicada.

Siguiendo con la metáfora del rompecabezas, ahora se escribe sobre algunas piezas en las que los grafólogos se fijan para encontrar el significado de ellas con poca necesidad de conectarlas con otras.

Dentro de todas las variables de escritura partiendo de las que generan interpretaciones, hay un grupo de asociaciones con los que corresponden rasgos de personalidad a los que se refiere. Por lo general son signos estables que se pueden interpretar con simpleza, sin embargo, los grafólogos contrastan más datos, en la grafología las variables generan conclusiones estables sobre la personalidad del sujeto en muchos casos.

Estos son algunos tipos de escritura y lo que quieren decir:

Mezcla de minúsculas y mayúsculas

La situación se da cuando vemos un texto donde siendo predominantes las letras minúsculas, también lo son las mayúsculas, obviando las necesarias para una ortografía correcta. Las mayúsculas se encuentran intercaladas con minúsculas.

El signo se relaciona con la tipología del cajero infiel. Es un signo de tendencia al robo cotidiano y deslealtad. Sin embargo, los grafólogos prestan atención a los demás, presenta el texto y contrastan que no hay confrontaciones razonables en los aspectos que tienen que ver con la lealtad. Comprueban que las otras variables del texto no estén indicando con la seguridad lo contrario.

Sobrealzamiento de zona media

Esto es que, de forma rápida, que el texto, por ejemplo, en una firma es más alto que ancho. La zona media, es toda la zona que queda enmarcada entre el límite superior e inferior del óvalo de una escritura, por ejemplo: la letra -o-; el óvalo de la -d-, -g- o -p.

Esto engloba el área en el que se escriben las letras que no tienen proyección superior, ni inferior, jambas o hampas respectivamente, en jerga grafológica.

En grafología el sobrealzamiento de la zona media es considerado signo en muchos casos negativos, puede sugerir arrogancia en la personalidad, ensalzamiento, soberbia del yo. La persona altiva, engreída, orgullosa, no es muy agradable de tratar a causa de lo superior que se siente seguramente presente en la variable en la escritura en la firma o en ambas. Hay una regla de oro en la grafología, el que no se presente un signo no indica connotaciones contrarias a las presentadas en caso de que lo hubiera.

La filiformidad

Esta hace referencia al tipo de escritura de agarra la forma de un hilo, es común que se vea en los dibujos animados, cuando se ve una carta. Por lo general no se han molestado en representar palabras legibles y solamente hacen una línea con breves oscilaciones y separaciones, que asemeja a la escritura real. La filiformidad es imprimir una raya, o casi una raya, donde se hace una forma, por ejemplo, es común en la M, O y N, los montes menguan hasta que en algún momento debido al dinamismo se traza la raya.

Es bueno que se establezca la distinción entre la filiformidad general y la filiformidad parcial. Puede ser una palabra entera filiforme, puede ser filiforme al final, o las combinaciones de letras, en la grafología, la filiformidad general tiene una interpretación más positiva que la parcial, estando la parcial la relacionada con la sinceridad, falta de autenticidad de la persona o conflictos neuróticos.

Es obligatorio que se establezcan diferencias entre la escritura filiforme ejecutada con dinamismo y la velocidad filiforme lenta, la primera tiene connotaciones buenas, se atribuye, con tendencia, una persona con buenas habilidades sociales. Tiene capacidad de negociación, con buen sentido estratégico, habilidades diplomáticas. El filiforme lento es necesario que nos demos cuenta, que reproduzcamos, que pensemos en cómo ha sido hecha la letra. La filiformidad es normal cuando se acerca la velocidad de la escritura. Es un rasgo que indica la velocidad, sin embargo, una persona que produzca filiformidad a baja velocidad lo hace deliberadamente, el sujeto produce con intención la escritura lenta e ilegible. Normalmente se da la situación de que escribe filiforme y tiene una gran cultura gráfica con lo que la hipótesis de la falta de habilidad para la escritura queda descartada. Escritura ilegible ex profeso, se puede estar ante actitudes esnobistas e inautenticidad.

Disociación

Es una disociación al fenómeno gráfico por el que se separa el óvalo de palote. Eso sucede en letras como la D, la G, y la P, donde se separa lo redondito del resto. En este caso, se tiene disociación de escritura. Es algo difícil de notar, choca a la vista, incluso según el patrón de espacios que mantenga la escritura que confundirnos con la lectura, tomando el óvalo por una O y el palote por una L en la letra d.

El signo se conecta con teorías psicoanalíticas, puede exteriorizar de manera simbólica con una tendencia a la escisión o conflicto entre el yo y el ello. También tiene relación con la calidad de las relaciones familiares, en la infancia, el solo hecho de separarse ambos elementos es una excelente señal de conflicto o desavenencia, signo frecuente en personas que han tenido una niñez con padres mal avenidos y que los han marginado afectivamente.

La rúbrica envolvente

Si se entra en terminología, rúbrica es el garabato al firmar, lo ilegible, la firma la parte legible, es natural que se de cualquier combinación entre ellas en el autógrafo de una persona, puede hacer solo firma, sólo rúbrica, ambas. Se llama rúbrica que envuelve al grafismo con un trazado que envuelve la firma, es común, a lo mejor conoce a alguien que firme así.

En la grafología se relaciona con el gusto porque le cuiden, la necesidad de sentir la protección en el seno familiar o matrimonial. Es un ambiente gráfico positivo que se relaciona con la prudencia y cautela. Corresponde a un movimiento de introversión y la manifestación de un sentimiento de inferioridad juvenil.

Tamaño

Muestra el grado de expansión del sujeto y de la autoestima:

- Si la escritura es muy grande, mayor a 4,5 milímetros de altura.

Corresponde a personas que tienen necesidad imperiosa de llamar la atención, de que no todos estén pendientes de ella, son personas que se sienten muy importantes con respecto a los otros.

- Si la escritura es grande, más de 3.5 milímetros de altura

Es de personas de mucha vitalidad, con una actitud extravertida.

- Si la escritura es pequeña, menos a 2.5 milímetros de altura.

Corresponde a personas que tienden a pasar inadvertidas, viven para dentro. A lo mejor son individuos que ven con información detallada del mismo.

- Si la escritura es pequeña, menos de 1,5 milímetros de altura.

Tiene que ver con los que tienen un pobre concepto de sí mismo y lo pasa mal en contacto con las personas.

- Si la escritura es de distinta altura, o sea irregular.

La desigualdad del tamaño en las letras, corresponde a personas de una intensidad afectiva en el sentido positivo, mientras que, en el lado negativo, corresponde a personas inestables e incapaces de controlar emociones.

Inclinación

La inclinación de las letras tiene que ver con el grado de apertura emocional de una persona y en la medida que se relaciona con los otros:

Escritura tumbada a la derecha:

Corresponde a las personas que pierden los nervios fácilmente, es dramático en los asuntos sentimentales. Es un tipo que entra en el grupo de celosos, tienen una gran necesidad de acercarse a los otros.

Escritura vertical:

Tiene que ver con las personas que controlan los sentimientos, deseos y tienen madurez, estabilidad y ecuanimidad.

Escritura inclinada a la izquierda o invertida:

Tiene que ver con personas que ejercen una gran vigilancia sobre sí mismas, una represión de la necesidad de contactar personas.

Escritura oscilante:

Corresponde con personas que están constantemente en una lucha consigo mismo, refleja inmadurez del que escribe.

Forma

Muestra el comportamiento cultural, moral o ético de la persona.

Escritura Curva:

Tiene que ver con personas que se amoldan, adaptan fácilmente, predomina el sentimiento, ternura y dulzura, además de que le da suavidad y originalidad.

Escritura Angulosa:

Tiene que ver con personas duras, intransigentes, para ella predomina el sentimiento, por lo que generalmente son histéricas y de mal genio.

Escritura Redonda:

Es característico de una persona pasiva, adaptable, tranquila, que roza en lo indolente, no tiene gran capacidad de entusiasmo.

Presión sobre el papel

Muestra un grado de enfermedad, salud, con nivel energético.

Escritura tensa:

Es sinónimo de firmeza de carácter, tanto en deseos como en opiniones

Escritura floja:

Indica que la persona no tiene fuerza interior para enfrentar obstáculos.

Dirección

La dirección de las líneas está relacionada con los estados de ánimo, el grado de optimismo, estabilidad, fatiga o depresión que experimenta una persona. De este modo las líneas guardan la horizontalidad, descienden o suben.

Cuando una persona escribe las líneas ascendentes, que tiene una actitud vitalista, es una persona que fuerza para enfrentar los retos, con alegría y optimismo.

Cuando una persona escribe líneas descendentes se entiende, por un lado, que puede ser porque la situación pasajera de cansancio o disgusto. Si lo hace normalmente la persona tiene la sensación de no poder enfrentar el mundo y tiene tendencia a tirar la toalla.

Si la persona escribe líneas horizontales indica que estamos ante una persona realidad, con carácter firme, que no se deje llevar por el entusiasmo y por el desánimo.

Velocidad

El número de letras por minuto que la persona pone en papel, es algo que tiene que ver con el ritmo de la persona, el pensamiento y la velocidad con la que se hace por culpa de los estímulos externos.

La escritura lenta de hasta cien letras por minuto

Refleja un gran sentido de la realidad, también lentitud en los procesos para asimilar, son personas cuidadosas y realistas.

Escritura pausada que es de 100 a 135 letras al minuto

Es típico de personas precisas, reflexivas y observación.

Escritura rápida que va con más de 135 letras por minuto

Se ve con rapidez de respuesta, con pensamiento rápido, si hay descuidos de letras y signos de puntuación, señala impaciencia, un poco de descontrol. Son personas que tienen don para hacer buenas ideas.

Continuidad

Tiene que ver con el grado de unión o separación de letras en palabras. Esto nos permite conocer la cantidad de constancia o regularidad de una persona en la actividad, pensamientos y vida afectiva.

Escritura ligada:

Describe a una persona con gran capacidad lógica que no deja lo que hace hasta lograr alcanzar la meta.

Escritura desligada:

Se refiere a la capacidad que tiene una persona para poder apreciar los detalles, para ver las partes por separado, se pone de manifiesto los problemas de integración con el entorno.

Escritura agrupada:

Es una escritura que combina con la intuición y la lógica, la capacidad reflexiva con la acción, el equilibrio entre el mundo externo e interno.

Orden

Tiene que ver con la evaluación del texto en una hoja de papel, se tienen que ver los márgenes, la distancia entre los renglones, entre palabras, entre letras, con eso se descubre la claridad mental de la persona, el orden interno y los rasgos como la capacidad de organización y planificación. Entre más orden hay en la hoja. Más orden hay en la organización de la persona.

Puntos en la íes

El punto de la i no es tan simple como se cree, es para los expertos en grafología un test de precisión. Cuando el escrito comienza a falta con los puntos en las íes. Que da información sobre personas que olvidan, distraídos, el análisis de cada signo por separado responde a teorías de la nueva escuela alfabética inductiva que se puede dar en estos casos.

- El punto alto es una tendencia a personas con idealismo y utopía.
- El punto alto y adelantado, que desea conseguir algo que no llega.
- El punto detrás, que es un pensamiento anclado en el pasado.
- El punto hecho con presión, indica timidez, problemas de afirmación.
- Puntos marcados y regulares, son para atención, regularidad y precisión.
- Con el palote, es de un espíritu vivo y polemista.

- Los circulares son de fantasía y deseos de originalidad.

Firma

La firma representa el yo íntimo. Es importante la legibilidad que suele darse en personas de sí mismas, mientras que las ilegibles suelen corresponder a los que prefieren mantener la intriga en torno a la persona.

Texto legible con firma ilegible

La interpretación, con la firma que es legible para los demás. delante de los otros es más claro que en la intimidad, puede haber en unión con otros rasgos, sentimiento de inferioridad o descontento de sí mismo.

Texto ilegible y firma legible:

La interpretación es así. Es una persona que se defiende de un ambiente hostil, pero está contento contigo mismo, tiene confianza en las posibilidades en los méritos y logros.

Firma legible:

La interpretación es así, normalmente es una persona con claridad de intenciones que muestran como es, sin ocultar, asume responsabilidades, es una persona contenta consigo misma, con las posibilidades y méritos.

Firma situada en el centro del escrito:

Nos revela a una persona que tiene control de sí misma, donde predomina la razón sobre los sentimientos. Usa la reflexión antes de decidir, no quiere decir que sea indecisa, sino que piensa las cosas antes de hacerlas.

Firma situada a la izquierda del escrito:

Habla de una persona que es prudente e introvertida, puede haber indecisión y poca iniciativa. Puede aparecer timidez e inhibición. Nostalgia del pasado.

Firma situada a la derecha del escrito:

Es una persona segura de sí misma, con confianza en el futuro, tiene decisión e iniciativa, como negativo puede haber irreflexión y apasionamiento.

Localización de la firma

No revela nada especial de la personalidad. Es el modo en el que firma normalmente, muestra lo que guardas con una distancia adecuada a los otros.

Centrada y lejos del texto

Como se ha visto en el apartado de espaciado, la distancia entre las líneas que muestra la distancia que quieres con los otros. si la firma está en el centro del documento y lejos de la última línea escrita, significa que presentas un afán de guardar distancias.

A la derecha y distancia normal

En el caso de que la firma se encuentre a una distancia normal del texto y en la parte derecha de la hoja, se deduce que tiene capacidad normal de sociabilidad y que eres alguien espontaneo.

A la derecha y alejada del texto

Si la firma se aleja mucho de lo demás, se encuentra en la parte derecha del mismo y puede indicar que hay problemas para abrirse y exponer a los otros.

A la izquierda y distancia normal

De modo general indica que tienes personalidad cauta y prudente. es un tipo de firma que se encuentra en personas jóvenes, si la firma está a la izquierda tiene una distancia normal. Puede sugerir un intento de separación con la familia, especialmente si la firma es ascendente.

En caso de que la firma sea descendente, puede revelar que presentas problemas para imponer ideas y opiniones, muestra una actitud sumisa con determinadas personas.

A la izquierda y alejada del texto

Si la firma se ubica y aleja del escrito, puede indicar que tiene reparos en ayudar a personas desconocidas, que no forman parte del entorno cercano.

Márgenes

Los márgenes revelan el nivel de introversión o extraversión, así como la capacidad de organización.

Margen izquierdo

La existencia de un margen es estrecha, apunta a que eres una persona introvertida, tímida que prefiere moverse en entornos que se conocen. Puede indicar que tienes una necesidad de protección.

Es muy ancho, indica que eres extrovertido, abierto al mundo, a los otros, que busca experiencias y sensaciones.

Finalmente es irregular, indica que el pensamiento varía o que tienes sentimientos, contradicciones con los que es el aspecto de la vida.

Margen derecho

Si el margen derecho es amplio, puede indicar que eres una persona retraída, con afán de relacionarse o que tiene miedo de afrontar el futuro.

Si ves que este margen es estrecho, puede señalar que eres alguien con afán de relacionarte con otros y moverte en otros entornos.

Margen superior

Es un margen amplio, es señal de que eres cauteloso o indeciso, por lo que sueles pensar consecuencias de conducta antes de decidirte.

Al contrario, si dejas un margen superior y pequeño, puedes señalar que eres alguien impaciente con figuras de autoridad, como jefes, profesores o padres.

Presión de la escritura

Aunque la presión del trazo tiene que ver con varios factores, como lápiz, o lapicero, así como materiales sobre el que se escribe, este es un aspecto de la escritura que se puede revelar algunas características adicionales a la personalidad.

Presión suave

Se puede manifestar con trazos pequeños, claros que no pasan el papel. Si el escrito tiene estas características de presión, se deduce que eres una persona sensible, que te adaptas al medio, y las personas con las que estás.

Presión fuerte

Se considera que la escritura tiene presión fuerte cuando los trazos se marcan por detrás del documento, presentando líneas gruesas y oscuras.

Esto señala que tienes propósitos firmes en la vida y ve al mundo valientemente. Revela que eres una persona llena de energía, que defiendes los derechos y expones las ideas y opiniones.

Espaciado

La distancia tienen palabras de la escritura que tiene relación con la distancia que se muestra entre tu y los otros, por lo tanto, revela datos sobre el nivel sociable y del espacio personal

Claro, la distancia entre cada palabra que escribes es proporcional con el tamaño de la letra. Los autores consideran que el espacio normal tiene que estar entre el ancho de una N y el ancho de la M.

Espaciado estrecho

Si el espacio entre las palabras que escribes es menor que una N de la escritura, refleja que disfrutas estando cerca de otros.

Esto puede ser que eres una persona sociable y que tienes un círculo social amplio, pero cuando el interlineado del escrito es estrecho, quiere decir que puedes necesitar compañía par aspectos importantes de la vida, como tomar decisiones.

Espaciado ancho

Si la distancia entre palabras, es mayor a la M indica que prefieres a los otros que respeten el espacio personal, de manera física y emocional.

Si se le suma la distancia que hay entre una línea y otra del párrafo es amplia, puede revelar que tienes problemas para enfrentar a otros.

Espaciado irregular

Es común que se presente el espaciado, tanto entre palabras como entre líneas. Esto revela que en diversos momento de la vida, vas a querer estar solo o acompañado.

La grafología es parte del repertorio cuando se lee a una persona

En el análisis e interpretación de las escrituras, hay reglas que desde el primer momento está presente, si preguntas a un grafólogo, lo más probable es que se parezca a "qué significa cuando se inclina a la derecha" o "qué es eso de los que firman con garabatos que no parece de una u otra manera".

La respuesta es lo más normal, que resuelva las dudas presentadas, al menos en un primer momento, luego de esto que haga el profesional que se ha preguntado que mencione la necesidad de contrastar con este particular que le has planteado con las otras variables presentes en la escritura para una correcta interpretación.

La necesidad de los contrastes con las otras variables, viene de la diferenciación entre ambiente gráfico positivo o ambiente gráfico negativo, puede tener la misma variable de la escritura con interpretaciones diversas en el ambiente gráfico donde se encuentre. El ambiente gráfico se determina por unos aspectos con la valoración que se haga aparte de la extensión.

EL FUNCIONAMIENTO DE LA MENTE INCONSCIENTE EN LA COMUNICACIÓN

Una persona que va y compra de más en el supermercado o que va y vota por un político conservador luego de año de andar con la centroizquierda, asegura que ambas fueron decisiones propias y conscientes. No considera que las compras son influenciadas por la música triste que suena en el super que hizo que la persona quisiera hacer esto o que el nacimiento del hijo aumenta la seguridad y por esto modifica las convicciones políticas por unas menos progresistas.

La idea de que las decisiones que se toman no dependen de nosotros y puede ser aterrador, la conciencia y la libertad son los superpoderes, los que nos distingue de los demás animales, la criatura humana es la única que puede avistar un destino y perseguirlo ¿Qué pasa si la elección de ese destino es mediada por el inconsciente?

Esta es una inquietud incómoda que ha estado en la carrera de John Bargh, psicólogo social de la Universidad de Yale, quien por más de tres décadas ha estudiado la influencia del inconsciente en la conducta y las opiniones de las personas. Los límites del libre albedrio como él los llama, este año publica el primer libro de divulgación al respecto ¿por qué hacemos lo que hacemos? El poder del inconsciente.

Barsh es miembro de la Academia Estadounidense de Artes y Letras, autor de muchos trabajos académicos sobre el poder del inconsciente, es fundados del laboratorio Automatismo en Cognición, Motivación y Evaluación de Yale. El nombre que es contrario al objeto de estudio es totalmente consciente.

De cierta manera el Correcaminos, esa ave que el coyote intentó capturar tantas veces que todo lo que tenía era marca Acme, es la mente inconsciente, inteligente, veloz e inteligente de lo que se piensa, mientras que el Coyote es la mente consciente, maquinadora, no tan inteligente como creemos. La visión de Bargh no es conductista ni busca negar la consciencia de las personas, con una mejor comprensión de esta, partiendo de explorar los alcances del pensamiento inconsciente. La premisa es que en todo momento la mente se influencia por el pasado, la memoria genética y las experiencias anteriores, por el presente, las respuestas instintivas del entorno y el futuro, las motivaciones, deseos y otras cosas de lado. a juicio del psicólogo, el estudio de los procesos que afectan el comportamiento no es claudicar con la autonomía, son un reconocimiento de las limitaciones para aumentar el libre albedrio.

Si se entiende el poder del inconsciente en las decisiones, se puede perder el interés en la vida. La clave a la que ha llegado en la investigación es que los procesos inconscientes de la mente son nuestros como los conscientes. No es como si fuera controlado por fuerzas ajenas que reflejan los valores, influencias del exterior que aplican a personas que de antemano tienen la meta o la motivación particular, los estudios en supermercados indican que cuando se ven personas con sobrepeso que han tomado la decisión de actuar en este problema. La etiqueta dietética solo se influencia a hacer cosas que inconscientemente ellos querían hacer. Se cree que las influencias son impulsos para que hagamos lo que queremos.

Cuando el inconsciente trabaja es para ponernos a salvo. Quienes se suicidan se tienen que sobreponer al miedo instintivo a herirse a sí mismos. Lo que se cree que sucede en ese caso es que, en realidad, se asesina al que no quiere sr. Por lo que los instintos usuales de autoprotección no aplican.

En casos excepcionales, la labor del inconsciente es cuidarnos la vida, por eso si estaos en una casa que se quema, y tenemos que tomar control de los hijos en brazos y correr desnudos a la calle, es algo que se hace sin duda, movidos por el inconsciente.

Normalmente, 1 labor del inconsciente es mantenernos con vida. Los avances en robots y personas artificiales, son interesantes. Hacen cosas tratando de lograr que imitan el lenguaje corporal de la persona con la que habla. Las personas responden, por las influencias inconscientes de empatía que genera la mímica, viendo los robots como algo que es más cercano cada día.

En los robots todo es inconsciente, pero cuando se desarrollan los procesos inconscientes para responder a las situaciones, los hace más humanos, similares a como se es realmente. La conciencia no viene de un sitio mágico o especial, con nosotros mismos. Las decisiones conscientes se nutren del pasado genético y las experiencias vividas que se alojan en el inconsciente, pero a la vez por medio de las decisiones o deseos que alimentamos. También por medio de decisiones o deseos que se alimenta y modifica con las operaciones inconscientes. Un ciclo, se piensa que en ese sentido no somos tan diferentes a una inteligencia artificial sofisticada. Si las motivaciones y respuestas similares, creo que puede ser incluso más humana que nosotros. Solo que no se está seguro de si es lo que buscan los desarrolladores de inteligencia artificial, que se quieren crear formas superiores de razonamiento, sin los problemas de los humanos.

Si nos ponemos a ver el inconsciente, podemos hablar de la xenofobia, desafortunadamente los pensamientos que enfrentan un grupo contra otro, han sido nociones naturales a lo largo de la evolución. Por millones de años, la constante siempre se ha dado con comunidades, unas contra otras. Las emociones de rabia ayudan a luchar y a sobrevivir, aunque se vive en una sociedad moderna, las predisposiciones se mantienen. Se cree que ahora se saber que considerar que otra raza o país son inferiores con pensamientos que destruyen. Se sabe intelectualmente, pero las nociones están allí dentro que proviene a millones de años creciendo. Es algo de lo que no se quiere librar tan fácil. Se confía mucho en eso que hacía de manera distinta. Es tanto que justifica, nos decimos que debe haber una buena razón para que no guste la persona, a lo mejor es un criminal o alguien que trate de herir, de robar el empleo. Por eso se ha demostrado que es más fácil que una persona progresista se haga conservadora, incentiva el miedo inconsciente que lo contrario.

La política actual manipula de manera inconsciente. Es más Karl Popper, filósofo de la ciencia que como judío debió escapar de Austria en la segunda Guerra Mundial. Escribe el maravilloso libro llamado La sociedad abierta donde dice que por años el sistema político ha estado basado en la disputa en tribus y que la democracia es algo nuevo, frágil, pequeño. Algo que solo ha estado en un pestañeo en la historia de la humanidad. Es fácil caer en la mentalidad de confrontación. Es una idea vigente, en el siglo XX Hannah Arendt advierte, no se quiere oír, que los horrores del holocausto pueden pasar en Estados Unidos. Sea donde sea, si se dan las circunstancias y las fuerzas lo incitan, por ejemplo, en la campaña de Donald Trump, calificó a los rivales como asquerosos. Las sensaciones que eso activa se relacionan con el inconsciente, además de la seguridad física que se programa para evitar enfermedades y gérmenes.

Activar los pensamientos sobre la enfermedad y la suciedad incentiva a actitudes de racismo y xenófobas. Este tipo de discursos, las fuerzas incitadoras están en el país por mucho tiempo, no solo con Trump, sucederá también con Biden.

Es importante conocer el inconsciente, se debe usar de manera positiva, no tienes por qué ser afectado por este sin hacer algo al respecto. El hecho de que haya influencias sobre nosotros que no percibimos, solo se traduce como el control que creíamos, no que no tengamos control.

El inconsciente en la vida cotidiana

Sigmund Freud, quien es padre del psicoanálisis, reparó en fenómenos que a otros de su tiempo no les había llamado la atención. Uno de los que trató fue el inconsciente en la vida cotidiana. Con las observaciones nace una obra que se convierte en un clásico del tema que es la Psicopatología de la vida cotidiana.

Esta es una obra donde Freud identifica los pequeño fenómenos del día a día, que se ubican en lo que se llama no racional, se trata de expresiones que rompen la lógica, por decirlo de algún modo. Allí se ubican conductas como olvido selectivo lapsus, actos fallidos y otros.

Uno de los aspectos que más interesan a Freud y al tema en particular es que con los postulados se derrumba la idea de que las personas pueden conducirse a una razón exclusiva, el procesamiento de lo consciente. Lo cierto es que en la manera de pensar, sentir y actuar hay agentes de influencia que no pasan por la consciencia, lo importante de esto es que Freud apunta que esos elemento que no pasan por la conciencia son los que se expresan de manera involuntaria. También están los contenido ignorados que termina cronificando el sufrimiento y al final los enferma.

Ahora hablemos de los lapsus, estos son errores en el lenguaje, queremos decir una cosa y se termina diciendo otra, casi siempre esta es una confusión que causa risa, no se le da mayor trascendencia, pero el ojo clínico de Freud vio el lapsus más que los errores sin significado, los lapsus son una de las formas en la que los deseos o contenidos se manifiestan. Los lapsus se pueden escribir o hablar, hay algunos famosos como cuando Mariano Rajoy el ex presidente español dijo en un debate que: "Lo que nosotros hemos hecho, cosa que no hizo usted, es engañar a la gente".

O cuando el presidente Juan Manuel Santos, quien es también premio Nobel de Paz en 2016 y ex presidente de Colombia, dijo durante una controversia: "Eso no invalida el número de votos que fueron depositados a favor de la corrupción". Lo que quería decir era "votos que fueron depositados a favor de la reelección".

En los ejemplos que se exponen lo que sería la confesión de una culpa, el lapsus es una forma de buscar expiación por medio de la confesión. Es uno de los modos en los que se expresa el inconsciente en la vida diaria.

Los olvidos son una manifestación del inconsciente en la vida diaria. El contenido de la memoria no está disponible siempre, todos sentimos alguna vez como parte de ese gran almacén estaba cerrado justo al estar allí por un recuerdo, esto pasa con elementos concretos, como las palabras, lo que es más extraño, olvidar algo que se debe tener presente y tiene incidencia sobre lo que frecuentemente hacemos.

Es como cuando se olvida hacer una tarea que teníamos encargada, o cuando se olvida el nombre de un compañero de trabajo que se ve todos los días. También a las personas con las que quedamos en blanco en medio de una exposición que hemos preparado. Todo esto tiene un paradigma en el psicoanálisis, manifestaciones del inconsciente, lo que pasa es que hay factores que llevan a rechazar contenidos porque se relacionan con los deseos o contenidos que no se han racionalizado.

Se olvida la tarea que no se quería hacer, el nombre de una persona con la que tenemos algún problema no reconocido, el discurso en el que se dicen cosas con las que no se está de acuerdo.

Otra de las cosas son los actos fallidos, son similares a los lapsus, pero no tienen que ver con el lenguaje, sino con la acción como tal, algunos la llaman actos logrados, esto es porque se trata de situaciones donde íbamos a hacer alguna cosa, pero terminamos con otros sin saber las razones. Lo inconsciente vence a la consciencia, porque el deseo escondido es más poderoso que el reconocido.

Un acto tiene lugar cuando, por ejemplo, vamos a algún sitio en el transporte, estamos seguros de haber leído la ruta, pero terminamos lejos del destino, porque erramos al toma el bus o metro. La hipótesis es que nuestro rechazo a la cita con el odontólogo hace que se imponga el deseo de no ir por esta u otra razón. Las manifestaciones del inconsciente en la vida diaria revelan lo que hay en lo profundo

El curioso caso de Anna O

Viajamos al año 1880, a la consulta del psicólogo y fisiólogo austriaco Josef Breuer, quien llega a la zona donde se considera el paciente cero, la persona que permite a Freud asentar las bases de la psicoterapia, para que inicie los estudios de la estructura de la mente y del inconsciente.

Se trata de Anna O., el seudónimo de Bertha Pappenheim, una paciente diagnosticada con histeria, con un cuadro clínico que supera a Breuer a tal punto que pide ayuda a Freud. La joven contaba con 21 años, desde ese momento tiene que hacerse responsable de su padre enfermo, comienza a padecer alteraciones graves y raras, el comportamiento es único, no faltan aventuras para decir que la mujer tenía un demonio dentro.

Jean-Michel Quidonoz, psiquiatra reconocido, miembro de la Sociedad de Psicoanalítica Británica, describe el caso en el libro de escritos sobre Sigmund Freud, donde dice lo siguiente:

- El caso de Anna O., no podía ser más interesante, la joven padecía muchos episodios de ceguera, sordera, parálisis, estrabismo, y lo que más atrae, instantes donde perdía el habla. Incluso se comunicaba con idiomas que no conocía, como francés o inglés.
- Breuer y Freud intuían que esto iba más allá de la histeria, en un momento Bertha, deja de ingerir líquidos. El problema es tan grave que el padre del psicoanálisis recurre a la hipnosis para evocar un recuerdo, la dama de compañía de Bertha le había proporcionado un vaso igual al del perro. Luego de desbloquear el recuerdo inconsciente, la joven pudo volver a consumir líquidos.

Desde este momento las sesiones siguen la misa línea, traer a la consciencia traumas pasados. El caso de Anna O., fue tal que ayudó a colocar estudios de histerismos en un modo revolucionario de la psique humana, un concepto que cambia por completo los cimientos de la mente.

Entre 1900 y 1905 Freud desarrolla un modelo topográfico de la mente por medio de la cual describe características de la estructura y del funcionamiento de esta. Para hacerlo usó la analogía que a todos nos es familiar, la del iceberg.

- En la superficie está la conciencia, es ahí donde se desarrolla un modelo de pensamientos donde se focaliza la atención, que sirve para desenvolvernos y usar con accesibilidad inmediata.
- En el preconsciente que se concentra en lo que la memoria puede recuperar fácilmente.
- La tercera esta en el inconsciente, es amplio, vasto, a veces con misterios, en la parte que no se ve del iceberg y la ocupa la mente.

El modelo de la mente

Freud no descubre el inconsciente, lo sabemos, no es el primero en hablar de él, pero es la primera persona que lo hace en este sistema constitutivo de la persona. Dedica a esto su vida entera, al punto de decir que muchos de los procesos psíquicos son en sí mismos inconscientes y que los procesos conscientes no son sino actos aislados o fracciones de todo esto que está bajo el iceberg.

Es más, al día de hoy puede que se deje de lado la relevancia que tiene el inconsciente en nosotros. Los estudios como el que sale publicado en Frontiers u human neurosciencie, el doctor Howard Shevrin de departamento de Psiquiatría de la Universidad de Michigan, dice que los conflictos inconscientes son el camino de muchos de los trastornos psicológicos y las enfermedades.

Por otro lado, hay que recordar que entre 1920 y 1923 Freud dio un paso más con la teoría sobre la mente para colocar lo que se conoce como el modelo estructural de las instancias psíquicas donde están las entidades el yo, ello y superyó.

- El ello: el ello o id es la estructura de la psique humana que queda en la superficie, la primera que aparece en nosotros, que la rige el comportamiento en la infancia. Es la que busca el placer inmediato, se rige el instinto por esas pulsiones primitivas, de la esencia y contra las cuales solemos luchar siempre
- El yo: a medida que crecemos hasta llegar a los tres o cuatro años y va apareciendo el concepto de la realidad y de la necesidad de sobrevivir. En este contexto que nos rodea, así, con el desarrollo de ese Yo, que se ve con una necesidad para controlar el ello o que lleva a cabo acciones para satisfacer las pulsiones de un modo aceptable y correcto socialmente. De la misma forma para conseguir la conducta que no sea descarada o muy desinhibida y hace uso de mecanismos de defensa.
- El superyó: este surge partiendo de la socialización, de la presión de los padres, de los esquemas de contexto que transmite reglas. Guías de comportamiento. La entidad psíquica tiene una finalidad concreta, velar porque se cumplan las reglas morales, esto no es sencillo, porque por un lado se tiene al Ello que detesta lo moral y desea satisfacer las pulsiones y por el otro al Yo que solo quiere sobrevivir y mantener el equilibrio.

El superyó enfrenta a ambos, no se tienen que sentir culpables cundo se desea algo que no se puede alcanzar o porque las normas sociales no lo permiten.

Los sueños como camino al inconsciente

Hay una película que es una obra de arte, se llama Recuerda, de Alfred Hitchcock, donde entramos en el mundo de los sueños del protagonista gracias a los escenarios de Salvador Dalí quien los creó para el films. La verdad es que pocas veces se muestra tan perfectamente el mundo inconsciente, es un universo de trauma escondido, de los recuerdos reprimidos, de emociones soterradas.

Entonces, un modo para poder evocar parte del recuerdo guardado bajo llave en los rincones de la mente, era por medio del análisis de los sueños. Freud creía que la comprensión del mundo de lo onírico era el camino real para el inconsciente, es donde el poder vencer los mecanismos de defensa y lograr el material reprimidos para las distorsiones inconexas y extrañas.

La teoría del inconsciente de Freud fue vista como una herejía en su momento, luego se alza como un concepto vertebrador donde el análisis y la comprensión de las conductas se da. Hoy se ve como un cuerpo teórico, tiene sus limitaciones, pero con avales científicos y perspectivas empíricas.

Se sabe que no todo el comportamiento, la personalidad o la conducta puede explicarse en ese universo de lo inconsciente. Se sabe que hay miles de procesos que son inconscientes en el día a día, solo por la economía mental. Por la necesidad de hacer automáticos algunos heurísticos que permitan tomar rápidas acciones. Con el riesgo de hacer eternas las etiquetas no justas.

La psicología y la neurociencia de hoy no pierden valor en el inconsciente, al contrario, es un mundo fascinante, de gran valor, donde hay muchas conductas de elecciones diarias, con preferencias. Un tejido psíquico que forma parte de lo que se es y que el descubrimiento se logra con la figura de Freud.

EL LENGUAJE NO VERBAL EN EL AMOR

*H*ay un lenguaje corporal para el amor, los gesto, la postura, la manera en la que mira, lo que delata. Hay que aprender a interpretar las señales en el lenguaje corporal, lo que hacen los hombres y las mujeres cuando se enamoran.

Es una manera de comunicarse, sutil, pero real. No se trata de suposiciones, es la quinésica, una ciencia que estudia el lenguaje del cuerpo. Con énfasis en la seducción, a veces sobran las palabras, una mirada, un gesto, todo esto puede decir mucho, es un lenguaje que responde a instintos básicos en el ser humano. es como el cortejo de los animales, antes de aparearse, en la época de celo y se entiende que los seres civilizados tienen un modo de expresar el interés por alguien.

La idea es saber interpretar estos gestos, es importante para poder dar paso al acercamiento y dejar las cosas claras cortando por lo sano. La atracción por el sexo opuesto se manifiesta en detalles pequeños que en muchas ocasiones se dan y con el paso para entablar una comunicación verbal y alguna relación.

Los ojos hablan

La mirada es uno de esos indicios infalibles, los ojos hablan, si mira un chico de reojo o el bajar los ojos cuando le pillas, es una mezcla de timidez, curiosidad, deseo por conocer. Es normal tender a recrear la vista en cosas agradables, así que, si sostiene la mirada en ti, el significado del gesto es claro, hay atracción.

Otro de los detalles es la sonrisa sobre el contacto visual que se da cuando los dos están en grupo, te busca con los ojos entre los demás. esto quiere decir que no le interesa mucho la reunión, o que la conversación que se mantiene con alguien en ese momento, la única intención que hay es que se acerque lo más que sea posible.

Su sonrisa

La sonrisa es otro gesto espontaneo o estudiando, lleva a que se inicie un acercamiento y un diálogo. Si se sonríen los dos, con simpatía, es que hay algo. Un momento compartido con risas pude ser camino a la empatía, siempre que no se trate de algo constante, como alguien que ríe con todos, en este caso el mensaje es subliminal.

Su postura

La postura que se tenga, con más o menos cercanía a la hora de hablar dice mucho de las intenciones de la otra persona y las tuyas. Sin que te des cuenta te acercas a la persona con la que te sientes más a gusto, hablar al oído por el ruido del tráfico en la calle o por la música alta en una disco, que quiere estudiar junto a ti en todos los sentidos.

Una postura abierta con los brazos relajados, sin cruzarlos, es señal de rechazo, o de estar a la defensiva, mirando de frente o hablando a tu lado, cerca, es un ejemplo de cómo el lenguaje del cuerpo expresa la atracción y el deseo de proximidad. La verdad es un síntoma errado de que se comparte, la verdad es un síntoma errado de que comparten algo, un espacio común, de que las barreras entre ustedes comienzan a desaparecer.

Cuando se comparte el espacio, el contacto físico, más o menos errado, está a punto de llegar. El colocar la mano en la cintura, lo atraes a ti para oírte mejor, otra mano que se entrelaza con la tuya para ayudarse a bajar un escalón, un brazo amigo en los hombros, gestos simples que indican confianza y comienza a reinar en nosotros y da paso a algo más.

Su imagen

Hay detalles curiosos que hacen referencia a la importancia que tiene. A la imagen que proyecta en ti, puede ser ese compañero que se pone la corbata bien antes de hablar contigo, o que camino a la mesa se acomoda el cabello, síntomas de que quiere agradar y que se interesa por la opinión.

También en esto, el lenguaje se da por la preocupación de que seas tú, con detalles como ponerte el mechón del cabello, eres maravilloso y ese pelo afecta tu belleza o quitarte una pelusa de la chaqueta, buscando complicidad y confianza, además de un sutil contacto físico.

Para terminar, puede ser que el lenguaje corporal amoroso desprende interés, por ti y lo que tienes alrededor con cada gesto insignificante.

La simpatía no implica querer sexo

Los hombres confunden la simpatía de una mujer con interés sexual, pero también caen en el extremo contrario cuando no pueden interpretar señales de atracción que mandan las mujeres. Esta es una conclusión a la que llegaron los expertos luego de un experimento hecho por la Universidad de Indiana.

Para no meter la pata es de gran ayuda prestar atención al lenguaje del cuerpo, porque las mujeres y hombres de manera inconsciente dirigen la parte superior al tronco y a eso que les interesa, aunque los ojos miren a otro lado, algo que puede ser útil.

Ni lo intentes, no le interesas

Al contrario, cuando los síntomas claro de que no le interesas son, por ejemplo, el alejamiento cuando habla contigo, la constante distracción o los pequeños gestos como que mire el reloj todo el tiempo, que se sujete la cabeza con la mano apoyada en la mesa, un gesto que desalienta y síntoma claro de que aburre la conversación. Esto es malo.

El lenguaje en el hombre enamorado

Se sabe que los hombres, por término medio son más reservados al momento de expresar los sentimientos. Aunque esto no es tan acusado como antes, aún hay muchos que son torpes para seducir en el lenguaje emocional. Es por eso que tenemos que cuidar el lenguaje corporal. Revela lo que no es capaz el otro.

La verdad es que las personas no están constantemente comunicando, a veces lo hace con palabras, otras usa otros medios. Por medio de la mímica se puede saber más de alguien que si se ciñe a palabras. En este sentido el lenguaje del cuerpo de un hombre enamorado tiene algunos elementos que veremos a continuación.

El lenguaje no verbal es más sincero, pero muchas veces también es más ambiguo. Por otro lado, el amor es de esos sentimiento que por intenso que sea bloquea la dialéctica, no sucede lo mismo con el cuerpo. Veamos esas señales.

La mirada revela

Tanto en ellos como en ellas el brillo del amor se traduce en la mirada. Cuando ves algo que te atrae, los ojos brillan más. La atención se centra en lo que te interesa y eso hace que las glándulas lacrimales se muevan más de lo normal y aparece ese brillo.

Uno de los elementos más reveladores en el lenguaje del cuerpo de un hombre enamorado es la mirada fija, la que sigue donde vas, la que busca cuando te alejas y te confundes en la multitud. La mirada que no se enfoca a ningún lado, mientras estás, vienes o te vas.

Hay otro elementos en la mirada que actúa como delator, te mira los labios, sin importar si hablas o si callas, en el lenguaje del cuerpo de un hombre enamorado el tipo de miradas lo dice todo.

En el rostro se ve el lenguaje corporal de un hombre que está enamorado. Además de la mirada hay gestos faciales que muestran interés, puede ser levantar cejas, si arquea un poco estas, puede que esté contigo y diga que le interesas.

Sucede lo mismo con la sonrisa, un gesto que se presenta en las mujeres con el mismo sentido, cuando hay amor, lo que se ve es el rostro que hay en esa sonrisa tonta, que parece imposible borrar. Es algo espontaneo, constante. Sale de la sensación de agrado por la compañía y es una expresión de bienestar que genera estar junto a la otra persona. Es frecuente que cuando le gustas a un hombre, este acabe imitando gestos faciales sin que se dé cuenta. Se cree que se imita lo que se admita, lo que se toma como referencia y en el deseo de identificarse contigo, no nota que reproduce las expresiones del rostro.

Otros gestos que delatan

Cuando un hombre siente atracción por ti va a mostrar los gestos de manera inconsciente, se relacionan con la apariencia persona. Se acomoda le pelo, también se fija en ello, es moral que se acomode la chaqueta, la corbata o la ropa cuando te ve llegar. Otro gesto es el de apoyar la mano en la parte baja de la espalda como si condujera.

En el fondo puede tomarse como un gesto atávico, que se relaciona con la posesividad, en el amor de pareja puede haber más o menos, con este gesto que lo delata rozando suavemente. Notas que al hablar se inclina hacia ti, si está de pie, sobre todo al momento en el que se encuentra, echa hombros para atrás saca pecho y se yergue.

Es una posición de empoderamiento, se prepara para ir a lo que quiere, s se está sentado, en una cena, jugando con servilletas o cubiertos, en los breves lapsos que mi te mire. El lenguaje del cuerpo enamorado en muchos casos responde al prototipo que se ha descrito, lo que revela admiración e interés. Ahí sabes que siente algo por ti cuando te oye, te apoya, puede ser sensible a los deseos y necesidades.

TIPOS DE PERSONALIDAD

Uno de los intereses más fervientes de los psicólogos es que se describen los rasgos de personalidad, lo han hecho desde siempre en la ciencia. Sea para entrevistas laborales como para los crímenes en investigación. Los psicólogos que se encargan del proceso encasillan a los candidatos o a los sospechosos en un tipo de personalidad u otro.

Carl Jung es uno de los psicólogos que se encarga de investigar y escribir los tipos de personalidad. Lo populariza como introversión y extroversión. Jung admiraba a Freud, lo conoció. Dicen que el primer encuentro duró 13 horas, con este colabora profundamente en las investigaciones y ambos son figuras del psicoanálisis y los trabajos siguen siendo hasta la fecha esenciales en el desarrollo de la disciplina.

Jung funda la psicología analítica, el abordaje teórico acentúa la conexión entre estructura de la psique y los productos. Las manifestaciones culturales. Esto impulsa a incorporar nociones que vienen de la antropología, la interpretación, alquimia, interpretación de los sueños, el arte, la mitología, filosofía y religión y también a la parte de los científicos riguroso que miran con buenos ojos.

Desde sus primeros pasos por la universidad Jung trabaja con pacientes psicóticos, colabora con Freud y la comunidad, lo que hace que pueda estudiar enfermedades mentales a las que dedica parte de su obra. Partiendo desde 1916 comienza a formular los conceptos sobre la estructura del inconsciente.

Jung divide los tipos de personalidad en extrovertidos e introvertidos y desde estos construye los tipos de personalidad. Según el psicólogo y psiquiatra, los introvertidos tienen timidez, dirigen la atención a los estados internos y a menudo es difícil estar acompañados, mientras que las personas son extrovertidas, se caracterizan por estimular lo que sucede alrededor, son sociables, les gusta estar con gente y no se sienten incómodos ante situaciones desafiantes. Desde las premisas Jung tiene estos tipos de personalidad.

Pensamiento introvertido

Le interesan más las ideas que los hechos, es la realidad interior antes que los otros, es decir que están más enfocados en los pensamientos que lo que pasa en el mundo exterior.

Gusta de los pensamientos abstractos, las reflexiones y desafíos teóricos como los que presenta la filosofía.

Sentimental introvertido

Este tipo de persona introvertida es poco habladora, pero a la vez puede ser empática, simpática, puede tener facilidad para crear vínculos afectivos con círculos pequeños. Aunque no se demuestra el apego.

Sensación – introvertido

Los que tienen personalidad sensible, se enfocan en los fenómenos subjetivos más que los objetivos que se dan alrededor como las demás personas introvertidas. Pero la diferencia es que en estos casos los fenómenos se relacionan con las impresiones sensoriales y las sensaciones internas. Según Jung este tipo de personalidad se describe con las personas que se dedican la artesanía o el arte.

Intuitivo – introvertido

Son muy soñadores, fantasean acerca del futuro, al punto de dejar caso de lado el ahora, puedes reconocerlos por el carácter soñador.

Pensamiento extrovertido

Crean explicaciones del mundo y de lo que le rodea, partiendo de lo que ve alrededor, se crea reglas que no se mueven sobre la realidad, las personas no cambian las reglas fácilmente, la forma de ver las cosas también. Además, intentan imponer la visión a los otros.

Les sucede también que a menudo intentan reprimir las emociones y sentimientos.

Sentimental-extrovertido

Son personas llenas de empatía, tienen facilidad para conectar con los otros, mientras disfrutan de la compañía. Es un perfil bueno, para las relaciones humanas, porque cuentan con habilidades sociales. En general presentan baja inclinación a la reflexión y el pensamiento abstracto.

Sensación – extrovertido

Este tipo de personalidad mezcla la búsqueda de sensaciones tangibles con la vivencia del entorno y con los otros. las personas con este tipo de personalidad se sienten bien con la interacción con otros y deben cambiar los estímulos constantemente.

Intuición- extroversión

La personalidad de tipo intuitivo extrovertido, tiene una tendencia a emprender los proyectos y las aventuras de duración media a larga, quiere comenzar devuelta cuando una termina.

Les gusta viajar, transformarse, interactuar con los otros, con el entorno y vivir en sí todo tipo de aventuras, la personalidad normalmente, el interés de que algo está puesto hasta que lo consiga.

Tiene una moralidad que no es intelectual ni sentimental, es propia, es la fidelidad, la intuición, el sometimiento a la fuerza, es poca la consideración por lo que se refiere a los que le rodean.

Los 4 temperamentos del ser humano

Hay una teoría que explica los cuatro temperamentos principales. Uno de los grandes ámbitos de la psicología es el estudio de las personas, pero a la hora de buscar modos de clasificar y describir el estilo de comportamiento y pensamiento de las personas, no solo se habla sobre personalidad, son que hay otros conceptos que a lo largo de la historia también se usan para intentar captar singularidades de cada uno. El concepto se llama temperamento e intenta dar paso a las inclinaciones y tendencias de cada uno que son más fijas, invariables y difíciles de cambiar.

Los tipos de temperamento de cada persona acostumbra a ser entendida como una estructura básica encima de la cual se hace la personalidad de cada uno con todos los detalles y particularidades.

En los últimos años el término temperamento se ha usado para hacer referencia a la genética de cada persona, la parte que se hereda de la personalidad, lo que quiere decir que el temperamento de cada uno permanece sin alterarse, independientemente de las cosas que pasen, el modo en el que se aprenda a gestionar emociones, etc.

¿Cómo es que nade la idea de que las personas tienen distintos tipos de temperamento y los hace distintos unos de otros?

La respuesta es la teoría de los cuatro temperamentos básicos, que parten de la idea de que la manera de ser depende de las sustancias o humores que tienen el cuerpo.

Una de las primeras personalidades históricas en desarrollar esta teoría de los cuatro humores es el médico griego Hipócrates.

Esto fue por el siglo V y IV antes de Cristo, en la antigua Grecia, donde vive Hipócrates, tenía mucha importancia la creencia de que todo lo que hay en el planeta se compone por elementos combinados entre sí. Hipócrates tenía mucha importancia, se componía de pocos elementos que se combinaban. Esto se forma por sustancias llamadas humores.

Estos son los humores:

- Sangre para el elemento del aire.
- Flema para el elemento agua
- Bilis amarilla para el elemento fuego.
- Bilis negra para la tierra.

Hipócrates no dejaba de ser un médico, por eso hizo esta teoría humoral que entraba en el campo de la medicina y en la de la psicología y personalidad según él, el hecho de que el cuerpo tenga estas sustancias, hace que estemos sanos, mientras se descompensan los niveles que producen enfermedades

Sería Galeno de Pérgamo quien en el siglo II antes de Cristo, hace más esfuerzos para transformar la teoría de los humores en temperamentos básicos.

Galeno parte de la idea de que todo se constituye por cuatro elementos y que cada uno de ellos corresponde con os humores del cuerpo para aplicar la visión a la psicología de esa época que era bastante primitiva.

Para este médico, los niveles en los que se presenta cada uno de los humores en el cuerpo explican los estilos de personalidad y el temperamento de este, lo que lleva a ver cantidades de estas sustancias que pueden saber el estilo de comportamiento de una persona y cómo expresa las emociones.

Galeno propone estos temperamentos:

Temperamento sanguíneo

Las personas sanguíneas se caracterizan según Galeno por ser personas alegres, buscar la compañía de otros y ser optimistas. Se ven cálidos a la hora de actuar obedece más a los sentimientos que a las conclusiones generadas por el análisis racional. Además, cambian de parecer fácilmente y son poco disciplinados, porque se guían por la búsqueda del placer inmediato, por eso dejan cosas a medias, el elemento asociado es el aire.

Temperamento flemático

El temperamento flemático muestra propensión a un modo sereno de comportarse, un modo de acercarse a las metas, se basan en la racionalidad y son perseverantes.

La teoría que tiene Galeno es que las personas que se destacan por esto valoran mucho la exactitud a la hora de pensar y hacer cosas, pocas veces se enojan y no muestran mucho las emociones, llegan a parecer frías. Se muestran un poco tímidas y evitan ser el centro de atención o sostener el rol de líder. Según la teoría de los cuatro temperamentos, esta personalidad es del elemento agua.

Temperamento colérico

Las personas que destacan con el temperamento colérico pueden ser enérgicas, independientes y proactivas. Tienen una tendencia a dedicarse a una actividad o emprendimiento de proyectos, defienden con ahínco las opiniones y posturas de las situaciones que hay.

Confían en el criterio y no temen entrar en confrontaciones con otros, los que le hace asertivos y no se alejan de posiciones de liderazgo, pero este tipo de temperamento es extremo, puede dar paso a aparición de conflictos y hostilidades. El elemento que se relaciona con estos es el fuego.

Temperamento melancólico

Las personas que tienen este tipo de temperamento se caracterizan por ser sensibles, creativos, abnegados, introvertidos y perfeccionistas. De algún modo este tipo de personas se puede relacionar con el concepto de personas muy sensibles.

Pueden hallar placer en tareas con esfuerzo, que requieran sacrificio, les cuesta decidirse a la hora de comenzar proyectos justos por un espíritu perfeccionista, y la preocupación que da la inseguridad de no saber lo que pasará. El humor varía fácilmente y muestra propensión a la tristeza. El elemento de este es tierra.

Los cuatro elementos la psicología

La obra de Galeno es un referente con muchos siglos de historia, pero no es válida en la psicología y la medicina. Los motivos son que por un lado no se formula la idea y las posturas aceptadas, por otro lado, que el modo en el que se describen son diferentes, ambigua. Esto quiere decir que, aunque inspire se refleja la personalidad en algunos de estos temperamentos, puede que parte del interés cause el sencillo sistema de clasificación por el efecto Forer, como sucede con el eneagrama de la personalidad.

A la larga, en la época de Galeno la psicología como ciencia no existía, apenas se comenzaba a comprender el funcionamiento del mundo y el cuerpo humano, se acudía a conceptos poco conocidos, compuestos por ideas que, aunque de manera intuitiva se podían relacionar entre sí. Más allá de esto no hay justificación de que se unan. Por ejemplo, no hay motivo por el que dentro del temperamento flemático aparezca el carácter unido con el modo de pensar racional.

Aunque, la teoría de los cuatro temperamento no tiene validez científica, no quiere decir que no haya servido como inspiración para varias teorías de la psicología moderna. Muchos estudios de la personalidad se han basado en el concepto del temperamento para desarrollar el test. Herramientas de medición de personalidad y que se considera herencia genética con un papel importante en la forma de ser.

EL CIGARRILLO Y EL LENGUAJE

*P*or la manera que fumes es que te van a conocer. Fumar es una acción que se hace para descargar tensiones propias de la agitada vida moderna. Las personas que fuman cada tanto, sienten que se baja el estrés cada que inhala el humo. La nicotina sirve para ayudar a controlar o disimular la ansiedad cuando la persona inhala cigarrillos. Sin pensarlo se rememoran los actos de succionar el pecho materno, se sienten, por medio de la seguridad se disimula la ansiedad, cuando la persona inhala el cigarrillo rememora de manera inconsciente el pecho materno, siente la seguridad que le brindaba el encontrarse protegido de los brazos maternos.

Es así como el acto de fumar nos puede dar pautas para determinar si una persona en algún momento se encuentra con nervios o ansiedad. Puede decirnos mucho sobre la personalidad de un individuo, por eso estudiemos detalladamente la forma de fumar.

Arnold Schwarzenegger en sus comienzos era arrogante se sentía superior a los demás, fumaba y exhalaba el humo mirando hacia arriba, con un placer y un ego alto.

Veamos entonces lo que implica fumar y lo que dice.

- Exhalar el humo para arriba es propio de personas egocéntricas, seguras de sí mismas o que se encuentran en estados positivos.
- Exhalar el humo hacia abajo, cuando veas al fumador echar el humo para abajo, verás que este gesto viene de la mano de otros gestos que tienen molestia o frustración, a lo mejor preocupación. Es un gesto que indica un estado anímico negativo.
- Encender un cigarrillo y apagarlo antes que acabe indica intranquilidad, deseo de acabar la conversación o irse.
- Golpetear constantemente el cigarrillo en el cenicero, indica inseguridad y nerviosismo.

Puedes ver el estado de ánimo de las personas al entrar en un salón, solo viendo la manera en la que fuman. Puedes mirar en la sala de un hospital y ver las personas en cuatro modos de fumar, lo que te hará ver según las condiciones particulares en la que se hallan. Puede ser un nacimiento, entonces exhala hacia arriba, celebra la llegada de ese bebé, el que le den una mala noticia de un familiar frustrado fumará hacia abajo. El que tiene horas esperando una respuesta del personal médico o que se pone impaciente sobre un familiar no sale del pabellón encenderá y apagará el cigarrillo constantemente o te va a golpear constantemente el cenicero

Ya ves que no es difícil interpretar el lenguaje corporal por medio del cigarrillo.

EL LENGUAJE DE LOS ANTEOJOS

V amos a cerrar con el lenguaje de las gafas o anteojos. La manera en la que se use puede mostrar gestos, usuales, que se hacen con ellas.

Cuando te quitas las gafas en una conversación estás pidiendo tiempo y silencio, quien te mira por encima de las gafas te juzga, cada gesto que se hace al jugar con los anteojos dice algo de la autoestima o sociabilidad.

Que un candidato a un empleo juegue con las gafas, es un mecanismo para poder aliviar la ansiedad, pero en el caso de que no se haga naturalmente y se acentúe, habría que detectar a qué obedece el grado de ansiedad, si se hace solo al inicio no se le da mucha importancia, si se hace durante la entrevista se puede pensar que es un candidato nervioso.

Algo bastante típico es llevar la varilla de las gafas a la boca, es un gesto de afirmación de la seguridad ante estrés o nervios, es un acto de autoafirmación para tranquilizarnos y ganar seguridad. También se usa cuando necesita tiempo o retrasar alguna decisión. El quitarse las gafas y limpiarlas es otro modo de ganarse unos minutos lo que mejor se puede hacer si la persona se queda en silencio, puedes pide sin palabras un momento para poderse decidir. Además, los gestos que siguen a estos movimientos son idénticos para saber lo que quiere la persona o si lleva gafas, tener dominio de la conversación.

El que se ponga gafas luego de quitárselas y limpiarlas quiere decir que quiere ver de nuevo las cosas. Te da permiso para que avances en el contenido, las guarda cuando la conversación haya terminado.

El ver por encima de las gafas se interpreta como un juicio crítico, por lo general alguien que recibe esta mirada se siente ofendido, se cruza de brazos y piernas y llena el paso de sentimiento negativos. La verdad es que a veces quienes miran por arriba de las gafas es que tienen unas de visión corta y den detallar algo más con la vista larga. Entonces no se las quita, sino que se las bajan hasta la mitad de la nariz.

En resumen, te puedes quitar las gafas cuando hablas y ponértelas cuando escuches. Relaja a la persona con la que conversar y enseña a guardar silencio cuando te las quites.

Consejos para que escojas anteojos

- Ancho: los extremos de la montura se deben alinear con los lados de la cara. Anteojos muy pequeños hacen ver a la gente más gorda. Montura muy grande esconde la personalidad.
- Oscuridad: en caso de las gafas de sol, mostrar un poco los ojos, evitando que los cristales queden opacos le da más interés y sensualidad a nuestra estampa.
- Diseño: la regla general es que los lentes redondeados son apacibles y pacíficos, mientras que los que tienen ángulos son más agresivos.

CONCLUSIÓN

Como se pudo ver en este contenido, el lenguaje no verbal dice más de nosotros que las palabras que empleamos. Son muchas las técnicas y hartos los estudiosos que han profundizado en este tema. Lamentablemente aún son muchos los que no aprovechan los atributos.

Vamos a cerrar rememorando la importancia que tiene el lenguaje no verbal. Seguramente las personas te han percibido acorde a lo que proyectas. Los jefes, compañeros de trabajo, colegas, así como muestras el cuerpo, así te perciben.

La comunicación no verbal es más importante que la verbal, aunque la palabra tiene poder, no se parece en nada a la comunicación no verbal. Los movimientos, los gestos, llegan a la persona antes que la voz, por eso, es que se tiene que trabajar la confianza en ti mismo.

La comunicación verbal es importante para dar el mensaje correcto, el poder del lenguaje del cuerpo es un factor elemental de cómo se puede sentir a una persona. Recuerda que el 93% de la comunicación no es verbal, una cifra nada pequeña para analizar la importancia que le hemos dado a la comunicación verbal.

Se debe tener en cuenta que el lenguaje corporal es antiguo, innato, es así porque las personas ciegas usan las mismas expresiones de lenguaje corporal que las personas que ven. Es como si hubiera un programa no verbal que viene ya programado en nuestro cerebro.

La comunicación no verbal ejerce un gran papel en la comunicación, no podemos olvidar que hay una influencia en lo que sienten los demás, lo que piensan, por esto es útil que se aprenda a gestionar y a sacarle provecho a nivel profesional.

Hay acontecimientos peculiares en el lenguaje corporal, por ejemplo, en las empresas es bueno conocerlo para poder contratar o desarrollarse mejor en los negocios. Puedes elegir entre los tipos de posturas, una es la pose del poder y la otra es la que no tiene poder alguno.

El estudio revela que la pose de poder ayuda a conseguir empleos y nos hace sentir con más éxito y mejores. No hay que hacer mucho, solo cambiar la posición de los brazos o las piernas. Si hay cambios en el lenguaje corporal, hay cambios en el cuerpo.

Recuerda la posición de los pies, ponles atención a ellos, muchas veces nos enfocamos en la parte superior, pero los pies revelan más sobre las emociones de lo que se podría pensar.

Cuando te acercas a dos personas conversando, se puede percibir en dos formas. Si los pies de los colegas se quedan en su lugar y tuercen solo el torso superior en tu dirección. No se quieren unir a tu conversación, pero si los pies se abren para incluirte, sabes que tienes paso para que participes.

Recuerda que para saber si las conversaciones terminan, tienes que ver que cuando hables con un compañero de trabajo, que parece que te pone atención y que tiene la parte superior inclinada hacia ti, pero las piernas y pies están mirando a la puerta, la conversación ha llegado al fin. Los pies dicen que quieren irse. La posición de los pies pueden ser reveladores, aunque se crucen las piernas.

Recuerda que las personas que sonríen sin sentirse felices, pueden hacerlos más felices. La manera en la que nos sentimos sobre las emociones no depende del cerebro, hay partes del cuerpo que ayudan a reforzar sentimientos que tenemos.

Hay que practicar poses de poder por tres minutos, previo a tener conversaciones importantes, lo puedes probar en un sitio silencioso y ver si tienes los mismos resultados. Otro de los consejos es que si buscas cambiar la posición al tener una charla podrás reducir la tensión en conversaciones y llegar a soluciones más rápidas. Si físicamente te alineas con esa persona, sentado, parado, hombro con hombro en la misma dirección para calmar la situación.

El tono de voz se puede transmitir con una gran cantidad de información, que va desde el entusiasmo al desinterés e incluso la ira. Analiza cómo el tono de voz afecta las respuestas de otros, si ves que estas no son lo que querías, trata de usar un mejor tono, puedes enfatizar ideas que quieras comunicar, si quieres mostrar n interés en algo expresa el entusiasmo con un tono más animado.

Ya para ir terminando esta experiencia, recuerda que el contacto visual es una parte importante de la comunicación, pero tenemos que recordar también que no significa ver fijamente a los ojos a alguien sin parar, hay expertos que recomiendan este tipo de comunicación, que se haga en intervalos de contacto ocular que duren entre 4 y 5 segundos, de manera intermitente.

A veces parece tener habilidades especiales para el uso de la comunicación no verbal efectiva y la interpretación de señales de otros. pero si no eres muy afortunado, ten en cuenta que es una habilidad que se puede trabajar si se ensaya.